유래를 통해 배우는
초등 사회 9. 한국사

그래서 이런 한국사가 생겼대요

유래를 통해 배우는 초등 사회

그래서 이런 한국사가 생겼대요

초판 발행 _ 2013년 12월 30일
초판 6쇄 발행 _ 2021년 2월 19일

글쓴이 _ 우리누리
그린이 _ 우지현
발행인 _ 이종원
발행처 _ 길벗스쿨
출판사 등록일 _ 2006년 6월 16일
주소 _ 서울시 마포구 월드컵로 10길 56 (서교동)
대표전화 _ (02)332-0931 / 팩스 _ (02)323-0586
홈페이지 _ school.gilbut.co.kr / 이메일 _ gilbut@gilbut.co.kr

기획 및 책임편집 _ 박수선(hyangkie@gilbut.co.kr) / 제작 _ 이준호, 손일순
영업마케팅 _ 진창섭, 강요한 / 웹마케팅 _ 황승호 / 영업관리 _ 정경화 / 독자지원 _ 송혜란, 윤정아

교정교열 _ 이상현 / 디자인 _ 윤현이
인쇄 _ 상지사 / 제본 _ 신정제본

ⓒ 우리누리 2013

잘못된 책은 구입한 서점에서 바꿔 드립니다.
이 책에 실린 모든 내용, 디자인, 이미지, 편집 구성의 저작권은 길벗스쿨과 지은이에게 있습니다.
허락 없이 복제하거나 다른 매체에 옮겨 실을 수 없습니다.

ISBN 978-89-6222-696-6 (73910)
　　　978-89-6222-378-1 SET
　　　(길벗스쿨 도서번호 200141)

독자의 1초를 아껴주는 정성 **길벗출판사**
길벗 IT실용서, IT/일반 수험서, IT전문서, 경제실용서, 취미실용서, 건강실용서, 자녀교육서
더퀘스트 인문교양서, 비즈니스서
길벗이지톡 어학단행본, 어학수험서
길벗스쿨 국어학습서, 수학학습서, 유아학습서, 어학학습서, 어린이교양서, 교과서

유래를 통해 배우는
초등 사회 9. 한국사

그래서 이런 한국사가 생겼대요

우리누리 글 | 우지현 그림

책머리에

"이웃 나라인 일본과 중국이 역사를 심각하게 왜곡하고 있습니다!"

이런 뉴스를 접한 초등학생들은 대부분 이렇게 말해요.

"에이, 그건 말도 안 되는 터무니없는 주장이에요."

그런데 왜 그들의 주장이 터무니없는지 말해 보라고 하면 꿀 먹은 벙어리가 되지요.

왜 그럴까요?

바로 우리 역사를 잘 모르기 때문이에요.

여러분은 한국사 공부를 하기 위해 책을 많이 읽을 거예요. 하지만 한국사 책은 대부분 여러 권으로 구성되어 있고, 그 내용도 너무 많아서 부담스러워요. 책을 읽어 보지도 않고 역사는 딱딱하고, 재미없고, 지루하다고 생각하는 어린이들이 꽤 많이 있지요.

《그래서 이런 한국사가 생겼대요》는 한국사 공부를 처음 시작하는 어린이들을 위해 쓴 책이에요.

이 책은 고대사부터 현대사까지 가장 핵심이 되는 역사만 쏙쏙 뽑아서 단순하면서도 재미있게 구성했어요. 역사적 사건을 쭉 나열한 것이 아니라, 재미

있는 이야기로 구성하여 읽는 재미를 느낄 수 있게 했지요. 또한 왜 그런 역사가 생겼는지 그 유래를 정확하게 밝혀 적어, 읽을거리를 풍성하게 했어요.

이 책을 읽으면 왜 한강 유역에서 전쟁이 많이 일어났는지, 왜 고려는 팔만대장경을 만들었는지, 왜 조선 시대 평민들이 돈을 주고 양반 신분을 샀는지 등 초등학생이 꼭 알아야 할 역사적 사건의 유래를 확실하게 알 수 있어요.

물론 이 책 한 권으로 한국사를 모두 알 순 없어요. 하지만 시험에 자주 나오는 한국사의 핵심 내용은 하나도 빠트리지 않고 담았기 때문에 처음 한국사를 접하는 어린이들에게 큰 도움이 될 거예요.

역사를 싫어하는 어린이들도 흥미를 가지고 읽을 수 있게 짧은 만화도 넣었어요. 책 읽기를 싫어하는 어린이라도 만화를 보면 호기심을 가지고 이 책을 읽게 될 거예요.

한마디로 이 책은 재미있고 흥미롭게 역사 공부를 하고 싶어 하는 어린이들이 읽기 좋은 책이에요. '한국사'라고 하면 외울 내용이 많고 어렵다고 생각하는 어린이들도 이 책을 읽고 한국사에 더욱 관심을 가지면 좋겠어요.

글쓴이 우리누리

차례

 1장 우리 역사의 시작과 고대 국가

- 12 구석기 시대 사람들은 돌을 깨뜨려 썼어요 **- 뗀석기**
- 14 신석기 시대 사람들은 남은 음식을 저장했어요 **- 빗살무늬 토기**
- 16 청동기 시대 족장의 권력을 보여 줘요 **- 고인돌**
- 18 하늘의 자손이 고조선을 세웠어요 **- 단군왕검**
- 20 단군의 고조선을 계승했어요 **- 위만 조선**
- 22 활을 잘 쏘는 왕이 고구려를 세웠어요 **- 주몽**
- 24 고구려를 떠나 백제를 세웠어요 **- 온조**
- 26 알에서 태어나 신라를 세웠어요 **- 박혁거세**
- 28 철기 문화만큼은 으뜸이에요 **- 가야**
- 30 왕이 죽으면 산 사람도 같이 무덤에 묻혔어요 **- 순장**
- 32 왜 일본에는 백제의 유적이 많나요? **- 백제 문화의 전래**
- 34 광개토 대왕은 어떻게 고구려 영토를 넓혔나요? **- 광개토 대왕**
- 36 이차돈이 하얀 피를 뿜었대요 **- 신라의 불교 공인**
- 38 왜 한강 유역에서 전쟁이 많이 일어났나요? **- 한강 유역의 차지**
- 40 고구려는 어떻게 수나라의 침략을 물리쳤나요? **- 살수 대첩**
- 42 왜 신라에만 여왕이 있었나요? **- 골품 제도**
- 44 고구려, 백제, 신라는 하나가 되었어요 **- 신라의 삼국 통일**
- 46 우리 역사상 가장 넓은 땅을 차지했어요 **- 발해**
- 48 통일 신라에는 왜 불교 문화재가 많나요? **- 신라의 불교문화**
- 50 당나라에 신라인들이 모여 살았대요 **- 신라원과 신라방**
- 52 바다의 왕자가 국제 무역을 이끌었어요 **- 장보고**

2장 후삼국 시대부터 고려 시대까지

- 56 통일 신라는 왜 무너졌나요? - **통일 신라의 몰락**
- 58 호랑이 젖을 먹은 아이가 후백제를 세웠어요 - **견훤**
- 60 관심법으로 후고구려를 다스렸어요 - **궁예**
- 62 고려는 어떻게 세워졌나요? - **태조 왕건**
- 64 광종은 왜 노비를 양인 신분으로 바꿔 줬나요? - **노비안검법**
- 66 고려는 어떻게 거란의 침입을 물리쳤나요? - **서희와 강감찬**
- 68 고려 시대에는 왜 남자가 처가살이를 했나요? - **고려의 여성 지위**
- 70 왜 절이 고려 경제의 중심지가 되었나요? - **고려 시대의 불교**
- 72 언제부터 우리나라가 '코리아'라고 불렸나요? - **벽란도**
- 74 천하제일의 도자기를 만들었어요 - **고려청자**
- 76 묘청은 왜 수도를 옮기려 했을까요? - **묘청의 서경 천도 운동**
- 78 고려 무신들이 들고일어났어요 - **무신의 난**
- 80 왕후장상의 씨가 따로 있는가? - **만적의 난**
- 82 불심으로 외적을 물리쳐요 - **팔만대장경**
- 84 삼별초는 끝까지 고려 조정에 맞서 싸웠어요 - **삼별초의 항쟁**
- 86 고려 왕의 이름에는 왜 '충' 자가 들어가나요? - **원의 간섭**
- 88 공민왕은 왜 신돈을 등용했나요? - **공민왕의 개혁**

3장 조선 건국부터 조선 후기까지

- 92 이성계는 어떻게 조선을 세웠나요? - **위화도 회군**
- 94 철저한 계획도시를 만들었어요 - **조선의 수도**
- 96 농업은 중하게 여기고 상업을 우습게 여겼어요 - **사농공상**

98	불교를 버리고 유교를 숭상했어요	**- 조선의 성리학**
100	새 나라를 새 그릇에 담아요	**- 조선의 통치 제도**
102	나랏말싸미 듕귁에 달아 문자와로 서르 사맛디 아니할쎄	**- 훈민정음**
104	전하의 모든 것을 적어야 하옵니다	**- 조선왕조실록**
106	세조는 왜 단종을 왕위에서 쫓아냈나요?	**- 계유정난**
108	나라의 질서를 바로잡아요	**- 경국대전**
110	일하고 공부하느라 너무 바빠요	**- 왕의 하루**
112	조선 시대 사람들은 어떻게 공부했을까?	**- 조선의 교육 기관**
114	선비들의 욕심이 화를 만들었어요	**- 사화**
116	가난한 백성을 더욱 못살게 굴어요	**- 방납과 환곡의 폐단**
118	내 편, 네 편 나누어 경쟁해요	**- 당쟁**
120	도요토미 히데요시는 왜 조선을 침략했나요?	**- 임진왜란**
122	거북선과 학익진으로 일본군을 무찔렀어요	**- 이순신**
124	인조가 청나라 태종에게 머리를 조아렸어요	**- 삼전도의 굴욕**
126	청나라에게 당한 수모를 돌려주겠다	**- 북벌 정책**
128	화폐를 쓰기 시작했어요	**- 상평통보**
130	인재를 골고루 등용해요	**- 영조의 탕평책**
132	정조는 정치와 문화를 발전시켰어요	**- 수원 화성**
134	백성들이 잘 먹고 잘살기 위한 학문이 필요해요	**- 실학사상**
136	쌀 수확량이 늘어났어요	**- 이앙법**
138	돈을 주면 양반 신분을 살 수 있다고?	**- 신분 제도의 변화**
140	조선은 왜 천주교를 금지했나요?	**- 천주교의 전파와 탄압**
142	나라의 문을 꼭꼭 닫아요	**- 흥선 대원군의 쇄국 정치**
144	서민들도 문화와 예술을 즐겨요	**- 서민 문화의 발달**

146 무슨 조약이 이렇게 불평등해? - **강화도 조약**

148 개화파는 삼일천하로 막을 내렸어요 - **갑신정변**

150 나라 안의 부패와 나라 밖의 압력에 맞섰어요 - **동학 농민 운동**

152 일본은 왜 명성 황후를 없앴을까요? - **명성 황후의 시해**

4장 대한 제국부터 대한민국까지

156 더 이상 조선이 아니에요 - **대한 제국**

158 대한 제국이 일본의 손에 넘어갔어요 - **을사조약**

160 을사조약이 무효라는 사실을 세계에 알려요 - **헤이그 특사**

162 왜 3월 1일에 만세 운동을 했나요? - **3·1 운동**

164 우리는 민족정신을 끝까지 지킬 테야 - **민족 말살 정책**

166 미국과 소련이 한반도의 허리를 잘랐어요 - **광복과 남북 분단**

168 같은 민족끼리 총을 겨눠요 - **한국 전쟁**

170 전 국민이 자유 민주주의를 외쳤어요 - **4·19 혁명**

172 이번에도, 다음에도, 또 다음에도 대통령을 해요 - **박정희 정권**

174 우리나라의 민주주의를 발전시켰어요 - **5·18 광주 민주화 운동**

176 책상을 '탁' 치니까, '억' 하고 죽었다고? - **6월 민주화 항쟁**

178 수요일마다 일본 대사관 앞으로 모여요 - **일본군 위안부**

180 금을 팔면 나라 경제가 되살아날까요? - **아이엠에프 경제 위기**

182 촛불을 들고 한목소리로 외쳐요 - **촛불 집회**

184 **부록** 한국사 체험하러 가요!

1장

우리 역사의 시작과 고대 국가

- 뗀석기
- 빗살무늬 토기
- 고인돌
- 단군왕검
- 위만 조선
- 주몽
- 온조
- 박혁거세
- 가야
- 순장
- 백제 문화의 전래

- 광개토 대왕
- 신라의 불교 공인
- 한강 유역의 차지
- 살수 대첩
- 골품 제도
- 신라의 삼국 통일
- 발해
- 신라의 불교문화
- 신라원과 신라방
- 장보고

구석기 시대 사람들은 돌을 깨뜨려 썼어요

떼석기

원시인 가족 호호네는 동굴에서 주로 야생 열매나 식물 뿌리를 먹으며 살았어요. 그러던 어느 날, 호호가 아빠에게 말했어요.

"아빠, 오늘은 짐승을 사냥해서 고기를 먹어요."

"그래. 그럼 일단 떼석기부터 만들자."

아빠는 강에서 어른 손바닥보다 조금 큰 돌을 골랐어요. 그 돌을 받침대 위에 올려놓더니, 다른 돌로 여러 번 내려쳤어요.

"우아! 아빠, 끝이 뾰족해졌어요."

구석기 시대 사람들은 돌조각을 떼어 내어 원하는 모양으로 만들어 썼어요. 돌을 깨뜨려 떼어 냈다는 뜻으로 '뗀석기'라고 부르지요.

아빠는 구덩이를 파고, 호호는 나뭇가지를 구해 왔어요. 아빠는 뗀석기로 호호가 구해 온 나뭇가지에서 필요 없는 가지를 잘라 냈어요. 그런 다음에 구덩이를 감추기 위해 윗부분을 나뭇가지와 풀로 덮었지요.

얼마 후, 커다란 멧돼지 한 마리가 구덩이에 빠져 발버둥을 쳤어요. 호호와 아빠는 멧돼지를 손쉽게 잡고서 동굴로 돌아왔어요. 그리고 뗀석기를 이용해 멧돼지의 가죽을 벗기고 고기를 잘라 불에 구웠어요. 그날 호호네는 푸짐한 저녁을 먹을 수 있었어요.

약 70만 년 전에 구석기 시대 사람들은 주먹 도끼, 찍개, 긁개, 찌르개 같은 여러 뗀석기를 이용했어요. 이 가운데 주먹 도끼는 짐승을 잡을 때나 가죽을 벗길 때 썼어요. 찍개는 나무를 자르거나 사냥할 때, 긁개는 나무껍질을 벗기거나 짐승의 살을 긁어내는 데 사용했어요. 찌르개는 짐승을 찔러 죽이거나 가죽에 구멍을 뚫어 옷감을 만들 때 주로 썼지요. 이처럼 구석기 시대 사람들은 먹을거리나 옷 등 좀 더 편리한 생활을 위해 자연을 이용할 줄 알았답니다.

주먹 도끼
구석기 시대 사람들이 사냥할 때 쓰던 대표적인 도구예요. 뾰족한 끝을 이용해 짐승의 가죽을 벗기거나 뼈를 손질할 때 사용했어요.

신석기 시대 사람들은 남은 음식을 저장했어요

빗살무늬 토기

기원전 8,000년경, 뚜비 가족은 움집 바깥으로 나와 주변을 둘러보았어요.

"엄마! 여기 열매가 열렸어요. 지난번에 심은 씨에서는 싹이 돋아났어요."

"그래? 날씨가 따뜻해지니까 식물들이 잘 자라는구나. 얼른 아빠랑 강에 가서 물고기를 잡아 오렴. 그래야 오늘 아침도 든든히 먹을 수 있겠지?"

뚜비 가족이 살던 신석기 시대는 구석기 시대보다 날씨가 따뜻해져 빙하가 녹아 바다가 넓어지고, 생활하기에도 좋았어요. 구석기 시대 사람들은 먹을 것과 지낼 곳을 찾아 여기저기 떠돌아다녔어요. 그런데 신석기 시대 사람들은 강가에 움집을 짓고 한곳에 머물며 물고기를 잡아먹고, 개, 돼지 등 가축을 키웠어요.

　신석기 시대에는 도구를 만드는 방법도 구석기 때보다 크게 발전했어요. 구석기 시대에는 단순하게 돌을 깨뜨린 뗀석기를 사용했어요. 하지만 신석기 시대에는 깨뜨린 돌을 갈아서 만든 간석기를 사용했어요. 간석기는 뗀석기보다 훨씬 잘 다듬어진 날카로운 신석기 시대의 대표적인 유물이에요.

　한곳에 오래 머무르다 보니 농사도 지으며 살았어요. 농사를 짓기 시작하면서부터 먹을거리를 담는 그릇 같은 게 필요해졌지요. 그래서 신석기 시대 사람들은 흙을 구워 그릇을 만들었어요.

　우선 적당한 크기와 모양의 토기를 빚고 겉면에 손톱무늬, 무지개무늬, 빗점무늬 등을 새겨 넣었어요. 그리고 그 토기를 불에 구워서 단단하게 만들었어요. 이렇게 탄생한 토기를 빗살무늬 토기라고 해요.

　빗살무늬 토기 덕분에 신석기 시대 사람들은 편리하게 음식 재료를 보관하게 되었고, 음식 재료를 물과 함께 끓여 먹을 수 있게 되었지요. 빗살무늬 토기는 여러 면에서 신석기 시대 사람들의 식생활을 크게 바꿔 준 최고의 발명품이었어요.

빗살무늬 토기
서울 암사동 5호 집터에서 발견된 빗살무늬 토기예요. 우리나라에서 발굴된 빗살무늬 토기 가운데 완성도가 높아요.

청동기 시대 족장의 권력을 보여 줘요

고인돌

　기원전 2000년 즈음, 청동기 시대에는 농사 기술이 발달하여 예전보다 곡식을 많이 거두게 되었지요. 그러다 보니 곡식 양에 따라 재산이 많은 사람과 적은 사람이 생기게 되었어요. 그리고 다스리는 사람과 다스림을 받는 사람으로 나뉘어 큰 마을을 이루고 살았어요.

　탄검은 그 가운데 가장 힘이 센 마을의 족장이었어요. 탄검은 힘을 앞세워 다른 마을을 쳐들어가서, 여러 가지 물품을 빼앗아 왔어요. 탄검은 자신의 힘을 나타내기 위해 목에 커다란 청동 목걸이를 걸고 다녔어요.

그러던 어느 날, 한 부하가 탄검에게 깜짝 놀랄 만한 소식을 전했어요.

"족장님, 이웃 부족민들이 거대한 석상을 만들었다고 합니다."

"거대한 석상?"

"네, 그 석상을 세운 곳은 자신들이 지배하는 곳이니 쳐들어오지 말라고 합니다. 그리고 그 석상 앞에서 하늘에 제사를 지낸답니다."

"그래? 그렇다면 나는 더 큰 석상을 지어야겠구나."

청동기 시대의 지배자들은 자신의 힘을 나타내기 위해 고인돌을 세웠어요. 고인돌은 지배자와 그 가족들이 묻힌 공동묘지이거나, 전쟁터에서 죽은 사람들의 공동묘지였어요. 또한 제사를 지낼 때 이용된 고인돌도 있어요. 크기가 엄청나게 큰 고인돌은 대개 제단으로 쓰인 고인돌이에요.

기원전 12세기부터 기원전 2~3세기까지 꾸준히 만들어져 온 고인돌은 전 세계에 널리 퍼져 있어요. 그 가운데 고인돌이 가장 많이 발견되는 나라가 바로 우리나라예요. 우리나라에는 약 4만 개 정도의 고인돌이 있어요.

고인돌
강화도 부근리에 있는 고인돌이에요. 고인돌은 무덤뿐만 아니라 제단으로 쓰이기도 했어요.

하늘의 자손이 고조선을 세웠어요

단군왕검

　아주 먼 옛날, 하늘의 신 환인에게는 환웅이라는 아들이 있었어요. 환웅은 인간 세상으로 내려가서 많은 사람들이 잘 살 수 있도록 돕고 싶었어요. 이를 알게 된 환인은 아들 환웅이 인간 세상으로 내려가는 것을 허락했어요. 환웅은 3,000명의 무리를 이끌고 태백산의 신단수(제사를 지내는 신성한 나무)로 내려왔어요.

　얼마 후 곰과 호랑이가 환웅을 찾아와 부탁을 했어요.

　"환웅님, 저희는 사람이 되고 싶습니다."

"그래? 100일 동안 동굴 속에서 햇빛을 보지 않고, 쑥과 마늘을 먹어라. 그러면 인간이 될 수 있을 게다."

곰과 호랑이는 곧장 동굴로 들어가 쑥과 마늘을 먹었어요. 하지만 호랑이는 며칠 참지 못하고 굴 밖으로 뛰쳐나왔어요. 하지만 곰은 꿋꿋이 참았어요. 그렇게 21일이 지나자 곰은 여자가 되었어요. 이 여자가 바로 웅녀예요.

웅녀는 환웅과 결혼하여 아들을 낳았어요. 그 아이가 바로 고조선을 세운 단군왕검이에요.

기원전 2333년, 단군왕검은 평양성에 도읍을 정하고 우리 민족 최초의 나라인 고조선을 세웠어요. 이후 아사달에 도읍을 정하고 그곳에서 1,500년 동안 고조선을 다스렸다고 해요.

어떻게 한 사람이 1,500년 동안 나라를 다스렸을까요? 사실 단군왕검은 한 사람의 이름이 아니에요. 고조선 최고 지배자를 가리키는 말이지요.

'단군'은 하늘에 제사를 지내는 제사장을 일컫는 말이고, '왕검'은 왕같이 나라를 다스리는 최고 권력자를 가리키는 말이에요. 이 둘이 합쳐져 '단군왕검'이 된 것이지요. 즉 단군왕검이라는 이름 속에는 최고 권력자 한 사람이 정치와 제사를 도맡았다는 의미가 담겨 있어요. 그래서 1,500년 동안 고조선의 지배자들을 모두 단군왕검이라고 부르는 것이지요.

단군의 고조선을 계승했어요

위만 조선

　기원전 3세기 말, 중국은 전쟁으로 큰 혼란에 빠졌어요. 이 틈을 타서 중국 연나라 출신 위만이 군사를 이끌고 고조선으로 넘어왔어요. 위만은 고조선의 준왕을 찾아가 머리를 조아리며 말했어요.
　"폐하, 고조선의 백성이 되고 싶습니다."
　준왕은 크게 기뻐하며, 위만을 국경을 지키는 관리로 임명했어요. 그리고 압록강 남쪽 땅 100리를 주었어요. 위만의 주변에는 철기를 다룰 줄 아는 사람들이 있어서 철제 무기와 농기구도 많이 만들었어요.

그러던 어느 날, 위만은 자신을 따르는 사람들을 불러 모았어요.

"여러분! 나는 힘을 길러 고조선의 옛 땅을 모두 되찾고 싶소. 그런데 지금의 준왕은 너무 나약합니다. 모두 힘을 모아 고조선의 영광을 되찾읍시다."

얼마 후 위만은 준왕에게 거짓 보고를 올렸어요.

"지금 한나라의 수십만 군대가 왕검성으로 쳐들어가고 있습니다. 제가 가서 물리치겠습니다."

준왕은 위만에게 군사를 이끌고 평양으로 올 것을 명했어요. 그러나 평양에 도착한 위만은 강력한 철제 무기를 앞세워 준왕을 몰아내고 자신이 왕이 되었어요. 이렇게 해서 기원전 194년에 '위만 조선'이 세워졌어요.

위만은 고조선으로 들어올 때 상투를 틀고 조선인의 옷을 입고 있었어요. 왕이 된 뒤에도 나라 이름을 그대로 조선이라 하였고, 토착민 출신들에게 높은 벼슬을 주었어요. 이렇게 위만의 고조선은 단군의 고조선을 계승했어요.

위만은 우리나라 말뿐만이 아니라 중국어도 잘해서 주변 나라들의 상황을 잘 살필 수 있었어요.

하지만 위만 조선은 기원전 108년 중국 한나라에 무릎을 꿇었어요. 그러자 나라를 잃은 백성들은 곳곳에 새로운 국가들을 세웠어요.

활을 잘 쏘는 왕이 고구려를 세웠어요

주몽

기원전 58년 무렵, 부여 금와왕은 강가를 거닐다가 유화라는 여인을 만났어요. 왕은 이 여인을 궁궐로 데리고 왔어요. 얼마 후 유화는 임신을 하게 되었어요. 그런데 유화가 낳은 것은 갓난아기가 아니었어요.

"앗! 이게 뭐야? 알이잖아."

사람들은 깜짝 놀랐어요. 금와왕은 좋지 않은 일이라 생각하여 알을 개와 돼지에게 주라고 하였어요. 하지만 개와 돼지는 알을 건드리지 않았어요. 길 한가운데에 버려 보기도 했지만 소와 말들이 피해 갔어요. 할 수 없이 유화에게 알을 되돌려 주었어요.

얼마 뒤 그 알에서 사내아이가 나왔어요. 이 아이는 어릴 적부터 활을 잘 쏘았어요. 그래서 '활을 잘 쏘는 사람'이란 뜻으로 '주몽'이라고 불렸지요.

금와왕에게는 일곱 명의 아들이 있었는데 모두 주몽보다 재주가 부족했어요. 그래서 주몽을 시기한 형제들이 무서운 계획을 세웠어요.

"형님, 아버지가 주몽에게 왕위를 물려주시는 게 아닐까요?"

"그런 일이 벌어지기 전에 우리가 주몽을 없애 버리자."

형님들의 계획을 눈치챈 주몽은 부여를 떠나 남쪽으로 도망쳤어요. 주몽이 엄시수(엄리수)라는 강가에 이르렀어요. 강을 건너야 하는데, 배가 없었어요. 어느새 금와왕의 아들들이 주몽을 바짝 쫓아와 있었어요. 이때 주몽이 강에다 대고 크게 소리쳤어요.

"나는 천제(절대적인 존재)와 하백(물을 다스리는 신)의 손자이다. 물고기들이여, 나를 도와다오!"

그러자 물고기와 자라들이 모여들어 다리를 놓아 주었어요. 주몽은 물고기와 자라의 등을 밟고 무사히 강을 건널 수 있었지요.

주몽은 졸본에 도착했어요. 그곳에는 연타발이라는 큰 세력가가 있었어요. 주몽은 연타발의 딸 소서노의 도움을 받아 기원전 37년에 고구려를 세웠어요. 그 뒤 고구려는 만주와 한반도 주변을 점령하고 있던 중국의 한나라를 몰아내고 도읍을 국내성으로 옮겼어요. 그리고 부여, 옥저, 동예 등 주변 나라를 정복하며 세력을 점점 넓혀 강력한 국가로 성장했어요.

고구려를 떠나 백제를 세웠어요

온조

어느 날, 부여에서 한 소년이 고구려의 주몽을 찾아왔어요. 소년은 가슴에 품고 있던 부러진 칼을 꺼내 보이며 말했어요.

"저는 임금님이 부여에 남겨 둔 예씨부인의 아들입니다. 여기 그 증표가 있습니다."

주몽은 부여를 떠날 때 예씨부인과 이미 결혼한 상태였어요. 그때 주몽은 임신하고 있던 예씨부인에게 이렇게 말했어요.

"부인, 나중에 아이가 자라거든 이 부러진 칼을 가지고 나를 찾아오라고 하시오."

주몽은 소년이 가지고 온 칼을 살펴보고 자신의 아들로 인정했어요. 바로 이 소년이 훗날 주몽을 이어 고구려 제2대 왕이 된 유리왕이에요.

그런데 주몽은 부여를 떠난 뒤에 소서노와 혼인을 했고 소서노에게는 비류와 온조라는 두 아들이 있었어요.

"폐하께서 유리를 태자로 삼았으니, 우리는 고구려를 떠나 남쪽으로 가서 새로운 꿈을 펼치자."

비류와 온조는 고구려를 떠나기로 마음먹었어요. 기원전 18년, 비류와 온조는 신하와 백성들을 데리고 남쪽으로 내려왔어요. 동생 온조는 지금의 한강 근처가 마음에 들었어요.

"형님, 이곳은 평야도 넓고 큰 강도 흐릅니다. 저는 이곳에 나라를 세우겠습니다."

온조는 그곳에 나라를 세우고, 나라 이름을 '십제'라고 지었어요.

형인 비류는 오늘날 인천 근처인 미추홀에 나라를 세웠어요. 하지만 미추홀은 물이 짜고 땅이 눅눅해서 농사를 짓거나 가축을 기르기가 힘들었어요. 거기에다가 비류는 병에 걸려 죽고 말았지요.

그러자 미추홀에 살던 사람들은 온조가 다스리는 십제로 갔어요. 온조는 나라 이름을 '백제'로 바꾸었어요. 백제는 한반도 서쪽 바닷가와 남쪽 평야 지대에 있던 작은 나라들을 하나씩 차지했어요. 그러면서 점차 강한 나라로 성장했어요.

알에서 태어나 신라를 세웠어요

박혁거세

기원전 69년, 사로국(지금의 경주)에 여섯 마을이 골짜기를 사이에 두고 있었어요. 나라를 다스릴 왕이 없어서 여섯 마을의 촌장들이 모여 나랏일을 함께 돌봤어요.

촌장들은 어질고 훌륭한 왕이 나라를 다스리기를 간절히 바랐어요.

"하루빨리 훌륭한 왕이 나타나 나라를 다스려야 할 텐데."

그러던 어느 날, 남쪽 마을 우물가에서 자줏빛이 일어났어요. 촌장들이 빛이 나는 우물가로 가 보니 커다란 알이 빛을 내고 있었어요. 그 알을 조심스레

깨니 사내아이가 안에 있었어요.

이 아이가 자라서 열세 살이 되자 촌장들은 모여 회의를 열었어요.

"우리에게는 아직 왕이 없으니 이 아이를 왕으로 모시는 게 어떨까요?"

"좋습니다. 그 아이는 하늘이 우리에게 준 아이입니다."

촌장들은 알에서 태어난 사내아이를 왕으로 모셨어요. 이 왕이 바로 신라 첫 임금인 박혁거세예요. 박처럼 생긴 알에서 나왔다고 해서 성을 '박' 씨라고 했고, 세상을 빛으로 다스린다는 뜻에서 '혁거세'라고 이름을 지었어요.

박혁거세는 옛 신라인 서라벌을 세우고, 여섯 마을 사람들과 힘을 모아 성을 쌓았어요. 그리고 '황금같이 밝은 성'이라는 뜻으로 성의 이름은 '금성'이라고 불렀지요.

신라는 여러 부족이 세운 나라였기 때문에 왕의 힘이 매우 약했어요. 그래서 고구려, 백제보다 문명이 늦게 발달했고, '왕'이라는 호칭도 다른 나라보다 늦게 사용했어요.

처음에는 나라의 우두머리를 거서간, 차차웅, 마립간, 이사금 등으로 불렀어요. 그러다 503년 지증왕 때, 나라 이름을 사로국에서 신라로 바꾸고, 비로소 왕이라는 호칭을 사용했어요. 이때부터 신라는 고대 국가의 기틀을 마련하며 백제, 고구려와 함께 삼국 시대를 열었어요.

철기 문화만큼은 으뜸이에요

가야

42년, 비옥한 평야가 펼쳐진 낙동강 하류 지역에 여러 개의 마을이 있었어요. 어느 날, 북쪽의 구지봉에서 이상한 목소리가 들려왔어요.

"하늘이 나를 이곳으로 보내 나라를 세우고 임금이 되라 하셨다. 너희가 산 꼭대기를 파면서 '거북아 거북아 머리를 내밀어라. 내밀지 않으면 구워 먹으리라.' 하고 노래하며 춤을 추면 임금을 맞이하게 될 것이다."

마을의 족장들은 들려오는 목소리가 시키는 대로 했어요. 그러자 하늘에서 자줏빛이 땅으로 내려왔어요. 족장들은 빛이 드리운 곳으로 급히 갔어요.

"앗, 저기 붉은 보자기에 싸인 황금빛 상자가 있다!"

상자 안에는 황금빛 알 여섯 개가 있었어요. 얼마 후, 여섯 개의 알에서는 여섯 명의 사내아이들이 태어났어요.

가장 큰 알에서 제일 먼저 태어난 김수로는 금관가야(지금의 김해 지역)의 첫 번째 왕이 되었어요. 다른 나머지 아이들도 다섯 가야의 왕이 되었지요. 김수로가 이끄는 금관가야는 여섯 가야 중에 힘이 가장 셌어요.

가야는 좋은 철이 아주 많이 나오는 '철의 왕국'이었어요. 철은 단단하고 날카롭게 다듬을 수 있어 칼, 창, 갑옷 같은 전쟁 무기를 만드는 데 알맞았어요. 그래서 가야인들은 철로 다양한 무기를 만들고 덩이쇠를 화폐처럼 쓰기도 했어요. 고구려, 백제, 신라도 철기 문화만큼은 가야를 따라가지 못했어요.

가야는 한반도 여러 지역과 이웃 나라에 철을 팔아 넉넉한 생활을 하게 되었고, 독자적인 문화를 만들어 갔어요. 가야의 여섯 부족은 서로 사이가 좋았지만, 통일하지 않고 각자 독립된 나라로 지냈지요. 결국 고대 국가로 발전하지 못하고, 여러 개의 작은 나라들이 모인 연맹체로 남은 가야는 562년에 신라에게 멸망하고 말았어요.

덩이쇠
얇은 직사각형 모양의 철판이에요. 길이는 다양한데 보통 어른의 손 한 뼘 정도 되고, 두께는 4~5mm로 매우 얇아요. 가야 사람들이 철제 도구를 만드는 수준이 상당히 높았던 것을 알 수 있어요.

왕이 죽으면 산 사람도 같이 무덤에 묻혔어요

순장

"아이고아이고. 이제 나도 같이 죽게 생겼네. 꽃도 못 피우고 죽다니……."
평소 왕을 잘 따르던 어린 몸종이 울상을 짓자, 나이가 지긋한 다른 몸종이 다가왔어요.

"꽃단아, 왜 그래? 네가 죽다니 그게 무슨 말이니?"

"지금 폐하께서 아프시잖아요. 만약 폐하께서 돌아가시면 저 같은 몸종들도 함께 죽어야 하잖아요. 저는 솔직히 죽기 싫어요. 왜 제가 따라 죽어야 하는 거죠?"

"꽃단아, 혹시 죽은 뒤의 세계에 대해 생각해 본 적이 있니?"

"아니요."

"죽은 뒤에도 우리는 살아 있을 때와 똑같은 모습을 하고 있단다. 그래서 폐하가 저승 세계로 가면 폐하를 돌봐 드리기 위해 신하, 부인, 노비 등은 물론이고 무기나 타고 다니던 말까지 무덤에 함께 묻는 거란다."

죽은 사람을 위하여 산 사람을 함께 무덤에 묻는 장례 풍습을 순장이라고 해요. 고구려, 백제, 신라, 발해, 부여 등 대부분 고대 국가에서 순장을 했어요. 부여에서는 백 명 단위로 사람을 죽여 순장하였고, 신라에서는 왕이 죽으면 남자와 여자를 각각 다섯 명씩 순장했어요.

그러다 중국에서 불교가 들어오면서 순장 풍습은 점차 사라졌어요. 불교에서는 사람이 죽은 뒤에도 살아 있을 때 모습 그대로 다음 세상으로 가는 게 아니라, 다른 모습으로 새롭게 태어난다고 믿었어요. 아무리 왕이라고 해도 생명을 죽이거나 나쁜 짓을 하면, 다음 세상에서 개로 태어나거나 지옥에 간다고 생각했거든요.

게다가 6~7세기의 한반도는 고구려, 백제, 신라 사이에 전쟁이 자주 일어났기 때문에 한 사람의 병사를 소중히 생각해 산 사람을 함부로 순장시키지 않았어요. 이런 이유 때문에 순장 풍습은 점차 사라지게 되었답니다.

왜 일본에는 백제의 유적이 많나요?

백제 문화의 전래

고구려, 백제, 신라는 중국 문화의 영향을 받으며 각각 자기 나라만의 독특한 문화를 발전시켰어요. 그리고 왜나라(일본)에 그 문화를 전해 주었어요. 삼국 가운데 특히 백제는 왜나라와 활발히 교류하였어요.

4세기 말, 백제의 근초고왕은 학자 아직기를 불렀어요.

"왜왕에게 말 두 마리를 전하고, 말을 돌보고 오시오."

아직기는 왕의 명을 받들고 왜나라로 갔어요. 얼마 뒤 왜나라의 한 신하는 아직기가 아주 훌륭한 학자라는 사실을 알고서 왕에게 말했어요.

"백제에서 건너온 아직기가 유교 경전에 대해 잘 알고 있다고 합니다. 태자님의 스승으로 삼으면 좋을 것 같습니다."

왜왕은 신하의 말을 듣고서 아직기를 왜나라 태자의 스승으로 임명했어요. 하루는 왜왕이 아직기가 태자에게 유교 경전을 가르치는 모습을 보고 말을 걸었어요.

"그대는 아는 것이 정말 많구려. 내 생각에는 그대가 백제에서 가장 뛰어난 학자 같소."

그러자 아직기는 고개를 가로저으며 말했어요.

"아닙니다. 왕인 같은 분에 비하면 저는 아직 한참 멀었습니다."

이 말을 들은 왜왕은 백제에 사신을 보내 왕인을 보내 달라고 부탁했어요. 얼마 뒤 왕인은 왜나라로 건너가 그곳의 태자와 사람들에게 한자와 유학 등을 가르쳤어요.

백제는 농사짓는 기술도 전해 주었어요. 왜나라 사람들은 백제 사람들의 도움을 받아 저수지와 둑을 만들어 농사를 지었지요. 또 백제는 왜나라에 불교, 역법, 천문학 등도 전해 주었어요. 특히 일본의 고대 문화인 아스카 문화는 백제의 불교문화에 많은 영향을 받았어요. 그래서 지금도 일본 곳곳에는 백제의 불교 유적이 많이 남아 있답니다.

백제 관음상
일본의 호류 사에 있는 백제 관음상이에요. 나무로 만들어졌으며 높이는 210.9cm예요. 서양에서는 '동양의 비너스'라고 불리며 전 세계의 관심을 받고 있어요.

광개토 대왕은 어떻게 고구려 영토를 넓혔나요?

광개토 대왕

391년, 고구려의 왕이 된 광개토 대왕은 연호(해의 차례를 나타내기 위해 독자적으로 붙인 칭호)를 '영락'으로 정하고, 명을 내렸어요.

"백제는 내 할아버지인 고국원왕을 돌아가시게 한 원수의 나라이다. 백제를 정복하고 고구려의 기상을 드높이자!"

광개토 대왕은 철갑 기병을 앞세워 백제의 여러 성을 차지하고, 한성까지 쳐들어갔어요. 백제의 아신왕은 결국 고구려에 항복하였어요. 백제를 무릎 꿇게 한 고구려는 승승장구했어요.

그 무렵, 왜가 신라를 침략하는 일이 잦았어요. 신라의 내물왕은 광개토 대왕에게 도움을 청했어요.

"왜를 물리쳐 주시면 저희 신라도 고구려를 받들겠습니다."

백제에 이어 신라까지 차지할 수 있다고 생각한 광개토 대왕은 신라의 요청대로 왜를 무찔러 주었어요. 더불어 신라의 이웃 나라인 가야도 고구려에게 무릎을 꿇었지요. 광개토 대왕은 여기서 멈추지 않았어요. 이어서 중국 땅을 차지하고 있던 후연을 공격하여 지금의 만주 지역과 랴오둥 지역까지 손에 넣었어요.

이렇게 광개토 대왕은 옛 고조선의 영토를 모두 되찾았어요. 광개토 대왕의 고구려는 철을 다루는 기술을 발전시켜 좋은 활, 창, 칼 등 철제 무기를 만들었어요. 그리고 군사를 보병(일반 부대), 기병(말을 타고 싸우는 부대), 수군(물에서 싸우는 부대)으로 나누고 철갑 기병 부대를 만들었어요.

튼튼한 갑옷과 투구로 완전 무장한 철갑 기병 부대는 천하무적이었어요. 게다가 광개토 대왕은 뛰어난 군사 전략가였어요. 이런 것들이 모두 더해지면서 고구려는 대제국을 건설할 수 있었던 거예요.

광개토 대왕릉비
중국 지린 성에 있는 광개토 대왕릉비예요. 높이 6.39m로 우리나라에서 가장 큰 비석이에요. 광개토 대왕의 아들인 장수왕이 아버지의 업적을 기리기 위해 414년에 세웠어요.

이차돈이 하얀 피를 뿜었대요

신라의 불교 공인

신라의 법흥왕이 신하들에게 말했어요.

"이제 우리도 불교를 받아들여야 할 텐데, 경들의 생각은 어떠한가?"

말이 끝나기가 무섭게 귀족들은 펄쩍 뛰었어요.

"폐하, 신라에는 하늘 신이 있는데, 어찌 다른 나라의 종교를 받아들이려고 하십니까? 절대 불교를 받아들이면 안 됩니다."

귀족들이 심하게 반대하자 법흥왕의 근심이 깊어졌어요. 이때 승려 이차돈이 충성하는 마음으로 왕께 아뢰었어요.

"폐하의 깊은 뜻을 잘 알고 있습니다. 소신이 앞장서서 절을 짓겠습니다. 폐하는 모른 척하시고, 귀족들이 죄를 물으면 제 목을 치십시오!"

이차돈이 절을 짓는다는 사실이 알려지자 귀족들이 들고일어났어요.

"이차돈은 폐하를 속이고 절을 지으려 했습니다. 나라에 큰 죄를 저질렀으니 처형하는 것이 마땅합니다."

귀족들이 거세게 반발하자 법흥왕은 이차돈을 처형할 것을 명했어요.

이차돈은 죽기 직전에 귀족들을 둘러보며 말했어요.

"이보게들! 내 목이 땅에 떨어지는 순간, 그대들은 부처님의 신비한 힘을 보게 될 것이오."

세상에! 목이 베어지는 순간, 이차돈의 목에서 흰 피가 솟구쳐 올랐어요. 믿을 수 없는 광경에 놀란 귀족들은 그 후 누구도 불교를 반대하지 않았어요. 법흥왕은 527년에 불교를 공식적으로 인정하였고, 흥륜사를 지었어요. 신라는 고구려, 백제보다 약 150년 뒤늦게 불교를 받아들였어요. 그러나 귀족과 백성의 힘을 하나로 모아, 왕권을 강화하며 오랜 기간 동안 통치할 수 있었어요.

이렇게 법흥왕은 불교를 국교로 삼아 백성들이 자신을 부처처럼 생각해 주어 왕권이 더욱 강화되기를 바랐어요. 또 온 나라가 불교를 믿음으로써 백성들의 마음을 한군데로 모을 수 있다고 생각했지요. 즉 불교를 통해 백성들의 충성심과 애국심을 이끌어 내려고 했던 거예요.

이차돈 순교비
이차돈의 순교 정신을 기리기 위해 818년에 세워졌어요.

왜 한강 유역에서 전쟁이 많이 일어났나요?

한강 유역의 차지

538년에 백제 성왕은 수도를 웅진(지금의 공주)에서 사비(지금의 부여)로 옮겼어요.

"한강은 원래 우리 백제의 땅이었는데, 지금은 고구려가 차지하고 있소. 반드시 한강 유역을 다시 차지해야만 중국과 안전하게 물건을 사고팔 수 있소. 그러니 중국을 쉽게 오갈 수 있게 수도를 사비로 옮기는 게 좋겠소."

수도를 옮긴 후, 백제의 성왕은 신라의 진흥왕에게 말했어요.

"백제와 신라가 힘을 모아 고구려가 차지하고 있는 한강 근처의 땅을 빼앗읍시다."

진흥왕은 흔쾌히 성왕의 제안을 받아들였어요.

551년, 백제와 신라는 연합하여 고구려를 공격하였어요. 백제는 76년 동안이나 고구려에게 빼앗겼던 한강 지역을 되찾았고, 신라는 한강 상류의 땅을 나누어 가졌어요.

하지만 2년 뒤인 553년에 신라의 진흥왕은 백제가 차지하고 있는 한강 하류 지역을 공격해 왔어요.

"백제 성왕에게는 미안한 일이지만, 신라가 더 강해지기 위해서는 반드시 한강 유역을 차지해야 한다."

신라의 배신에 분을 참지 못한 성왕은 554년 관산성(지금의 충북 옥천) 전투에서 신라군에게 사로잡혀 결국 목숨을 잃었어요.

이처럼 한강 유역은 고구려, 백제, 신라가 가장 치열하게 싸움을 벌인 곳이에요. 한강 하류 지역에는 넓은 평야가 펼쳐져 있어 이 지역을 차지하면 경제적으로 많은 이익을 볼 수 있었어요.

그리고 한강과 이어진 서해를 통해 중국과 쉽게 교류할 수 있었어요. 특히 한반도 동쪽에 자리 잡고 있던 신라는 중국과 교류를 하려면 반드시 한강을 차지해야만 했지요. 이런 이유 때문에 예로부터 고대 국가들은 한강을 사이에 두고 끊임없이 전쟁을 벌였어요.

고구려는 어떻게 수나라의 침략을 물리쳤나요?

살수 대첩

중국 수나라를 세운 문제는 598년에 30만 대군을 이끌고 고구려를 침략하였어요.

"고구려 왕이 감히 나와 싸울 생각을 하다니. 기필코 무너뜨리고 말겠다!"

그러나 때마침 몰려온 장마와 전염병으로 수나라 군대는 싸워 보지도 못하고 물러갔어요.

문제에 이어 수나라의 황제가 된 양제도 612년에 대군을 이끌고 고구려를 침략했어요. 전투 병사 113만여 명에 식량과 무기를 운반하는 병사를 합쳐

300만 명이 넘는 대군이 고구려의 요동성을 공격했어요. 하지만 몇 달이 지나도 요동성을 무너뜨릴 수 없었어요. 시간이 지날수록 자신들이 더 불리해지자 양제는 작전을 바꿨어요.

"우문술과 우중문, 두 장수는 별동대 30만 대군을 이끌고 평양성을 향해 공격하라!"

이때 수나라의 계획을 미리 알아차린 을지문덕과 영양왕은 수나라 별동대가 압록강을 건너오기만 기다리고 있었어요.

"수나라 군대가 내려오는 길목의 백성들은 모두 피신시키고, 주변은 모두 태워 버려라. 쌀 한 톨도 남겨 두지 마라."

을지문덕은 적이 사용할 만한 물자와 식량을 모두 없애 적군을 지치게 만들 계획을 세웠어요. 이를 '청야전술(淸 맑을 청, 野 들 야, 戰 싸움 전, 術 방법 술)'이라고 해요. 들판을 태워 아무것도 없는 깨끗한 상태로 만든다는 뜻이지요. 시간이 지날수록 수나라 병사들은 먹을 것을 구하지 못해 지쳐 갔어요.

을지문덕 장군은 후퇴하는 척하며 수나라 군대를 살수(청천강)로 유인했어요. 수나라 군대가 살수를 건널 무렵, 을지문덕은 상류를 막고 있던 둑을 터트리며 대대적인 공격을 퍼부었어요. 이 전쟁이 바로 '살수 대첩'이에요. 이때 30만의 수나라 별동대 가운데 살아 돌아간 병사는 불과 2,700여 명이었어요.

수나라는 그 뒤에도 고구려를 침략했지만, 결과는 마찬가지였어요. 618년, 수나라는 연이은 패배로 인해 나라 살림이 어려워지고 반란이 일어나, 결국 멸망하고 말았답니다.

왜 신라에만 여왕이 있었나요?

골품 제도

632년에 신라의 진평왕이 세상을 떠났어요. 진평왕에게는 대를 이을 아들이 없었어요. 그래서 신라의 귀족들이 화백 회의를 열었어요. 화백 회의는 지위가 높은 귀족들이 모여 나라의 중요한 일을 만장일치로 결정하는 신라의 독특한 회의 기구예요.

"폐하의 뒤를 이을 아들이 없으니 이를 어찌하면 좋겠습니까?"

"아들은 아니지만 덕만 공주가 왕위에 올라야 합니다."

"지금까지 여자가 왕이 된 적은 단 한 번도 없는데……."

"그렇지만 우리 신라의 골품 제도에 따라 성골이 왕이 되어야 합니다."

"여자가 왕이 되면 이웃 나라들이 업신여기지 않을까요?"

"그렇다고 해서 성골이 아닌 사람이 왕이 될 수는 없지요. 골품 제도를 지키고, 우리의 권력을 빼앗기지 않기 위해서라도 덕만 공주를 왕위에 앉혀야 합니다."

결국, 만장일치로 진평왕의 둘째 딸인 덕만 공주가 632년에 왕위에 올라 선덕 여왕이 되었어요. 한반도 역사상 처음으로 여왕이 등장한 순간이지요.

우리나라에는 선덕 여왕, 진덕 여왕, 진성 여왕 이렇게 세 명의 여왕이 있었어요. 이들은 모두 신라 사람이에요. 이들이 여왕이 될 수 있었던 이유는 신라의 엄격한 신분 제도인 골품 제도 때문이었어요.

골품 제도는 출신 성분에 따라 성골, 진골, 6두품 이하로 등급을 나눈 신라의 신분 제도예요. 골품에 따라 올라갈 수 있는 벼슬이 정해져 있을 뿐만 아니라 결혼, 집 크기, 옷 색깔, 그릇의 종류, 장신구의 색깔과 재료, 심지어 속옷의 재질까지 정해져 있었어요.

그리고 태어날 때 정해진 골품은 죽을 때까지 절대 바뀌지 않았다고 해요. 그래서 골품 제도 때문에 자기 능력을 맘껏 펼치지 못한 사람들은 이 제도가 잘못된 것이라고 비판하기도 했어요. 하지만 이 골품 제도는 신라가 멸망할 때까지 이어졌어요.

고구려, 백제, 신라는 하나가 되었어요

신라의 삼국 통일

648년, 진덕 여왕이 신라를 다스리던 때에 김춘추는 당나라를 찾아갔어요. 당 태종은 김춘추를 반갑게 맞이했어요.

"무슨 일로 오셨소?"

"고구려를 공격하려고 준비하고 있다고 들었습니다. 우리 신라와 손잡고 고구려와 백제를 치면 어떻겠습니까?"

"좋소! 신라가 군사와 식량으로 도와준다면 전쟁에서 쉽게 이길 수 있을 것 같소. 그럼 그 대가로 우리가 뭘 주면 되겠소?"

"전쟁이 끝난 뒤, 백제와 평양 남쪽 땅을 우리 신라에게 내주십시오."

"하하! 좋은 생각이오. 그렇게 합시다."

이렇게 신라와 당나라가 동맹을 맺은 것을 '나당 동맹'이라고 해요. 그로부터 6년 뒤인 654년에 김춘추가 신라의 왕이 되어 태종 무열왕으로 불렸어요. 그리고 660년, 당나라 군대와 신라 장군 김유신이 이끄는 군대가 백제를 공격했어요. 결국 700년 가까이 이어 온 백제는 역사의 뒤편으로 사라졌어요.

그 무렵 고구려는 나라를 이끌던 연개소문이 죽자, 매우 혼란스러운 상태였어요. 나당 연합군은 그때를 놓치지 않았어요. 당나라 군대는 요동을 거쳐 평양성을 공격했고, 김유신을 앞세운 신라 군대는 남쪽에서 평양성을 포위했어요. 결국 고구려는 668년에 멸망했어요.

그런데 당나라가 고구려와 백제 땅을 자기네 땅이라고 우기고, 신라 땅마저 집어삼키려고 했어요. 그러자 신라인, 옛 고구려인, 옛 백제인들이 모두 당나라에 맞서 싸웠지요. 결국 676년, 우리 민족의 승리로 9년 동안의 전쟁이 끝났어요.

신라의 삼국 통일은 당나라의 힘을 빌려 이루어졌고, 고구려 북쪽 영토를 잃어 한반도 전체의 통일을 이루지는 못했어요. 그러나 처음으로 고구려, 백제, 신라 사람들을 하나로 모았다는 데 큰 의의가 있어요.

우리 역사상 가장 넓은 땅을 차지했어요

발해

　신라가 삼국을 통일하면서 옛 고구려 땅은 당나라의 차지가 되었어요. 이때 수많은 고구려 유민들이 당나라 영주 땅으로 끌려갔어요. 고구려 유민들은 그곳에서 중국의 유목 민족인 말갈, 거란 사람들과 함께 살아야 했어요. 이들 가운데 고구려 장군이었던 걸걸중상과 그의 아들 대조영도 있었어요.

　어느 날, 거란의 추장 이진충이 군사를 일으켜 영주를 다스리는 관리를 죽이고 당나라에 반란을 일으켰어요. 이런 혼란한 틈에 걸걸중상이 대조영을 불렀어요.

"지금이야말로 좋은 기회다. 고구려 유민들과 말갈 유민들을 이끌고 영주 땅을 탈출하자꾸나."

마침내 걸걸중상과 아들 대조영, 말갈족의 추장 걸사비우가 사람들을 이끌고 영주를 빠져나갔어요. 대조영은 고구려 유민들을 이끌고 영주의 동쪽으로 이동하면서 당의 여러 성을 공격하고 빼앗았어요.

"옛 고구려 땅에 나라를 세울 것이다. 모두 나를 따르라!"

마침내 대조영이 이끄는 무리는 백두산 서쪽의 천문령에서 당나라의 군대를 크게 무찌르고, 백두산 근처의 옛 고구려 땅에 도착했어요. 그리고 698년에 나라를 세우고 '진국'이라고 이름을 붙였어요. 고구려가 멸망한 지 30년 만의 일이었지요.

진국은 옛 고구려 땅 대부분을 차지했어요. 힘이 세진 대조영은 당나라로부터 더 이상 침입하지 않겠다는 약속을 받고, 그들이 준 발해 군왕이라는 벼슬을 받아들였어요. 이렇게 해서 713년에 발해라는 나라가 세워졌어요.

발해는 고구려인과 말갈족 등 여러 민족이 함께 모여 살던 국가였어요. 그래서 고구려와 당나라의 문화가 합쳐진 독특한 문화를 지니고 있었어요. 9세기 무렵 전성기를 맞이한 발해는 '해동성국(바다 동쪽의 번성한 나라라는 뜻)'이라고 불렸어요. 우리 역사상 가장 넓은 영토를 개척했던 발해는 9세기 후반에 국력이 기울어지더니, 926년에 거란에 의해 멸망했어요.

통일 신라에는 왜 불교 문화재가 많나요?

신라의 불교문화

문무왕이 신라를 다스리던 7세기 말, 한 스님이 서라벌 거리에서 춤을 추며 지나가는 사람들에게 말했어요.

"나무아미타불! 자네들도 따라해 보게. 이것만 따라하면 누구나 부처가 되어 극락에 갈 수 있다네."

이 스님은 귀족 중심의 종교였던 불교를 일반 백성들과 가난한 사람들에게 전파하고, 신라의 불교 발전을 이끈 원효 대사예요. 당시 통일 신라 사회는 어수선했어요. 권력을 가진 귀족들은 사치스러운 생활을 했고, 나라는 백성들에게 많은 세금을 거둬들였어요. 백성들은 먹을 것이 부족해서 힘들게 살고 있었지요.

원효는 그런 백성들에게 '나무아미타불'만 외면 누구나 구원을 받고, 누구나 부처가 될 수 있다고 했어요. 그로 인해 불교는 점점 더 신라 백성들 사이로 깊게 파고들 수 있었어요.

통일 신라의 왕과 귀족들은 고구려, 백제, 신라를 통일한 뒤 삼국의 사람들 마음을 하나로 묶고, 자신들의 지배 체제를 더욱 굳건히 하기 위해 불교를 널리 퍼트리고 보급했어요.

이처럼 불교를 믿는 이유는 서로 달랐지만, 신라인들은 너도나도 불교의 가르침에 따라 살고 싶어 했어요.

불교가 널리 퍼지면서 백성들의 삶 가까이 불교문화가 자리 잡게 되었어요. 부처님의 말씀을 눈으로 볼 수 있게끔 부처님을 모시는 절이나 부처님의 모습을 담은 조각상들이 많이 만들어졌지요. 신라는 부처의 나라라고 불릴 만큼 불교문화가 발달했어요. 그만큼 불교 문화재도 아주 많았지요. 그중에서도 불국사, 석굴암 등은 세계 문화유산에 등재될 정도로 훌륭한 우리의 문화유산이에요.

석굴암 본존불
경주 토함산에 세워진 석굴암 내부의 본존불이에요. 과학적이고 예술적인 건축미와 조각 기법 등으로 인해 국보 제24호로 지정되었으며 유네스코 세계 문화유산으로도 등재되었어요.

당나라에 신라인들이 모여 살았대요

신라원과 신라방

8세기 이후, 신라에는 흉년이 자주 들어 많은 백성들이 굶주림에 시달리며 살았어요.

"이보게, 김 씨. 아무래도 이대로 가다가는 굶어 죽겠어."

"그렇다고 뭐 뾰족한 수가 있나요?"

"당나라로 건너가 살면 좀 낫지 않을까? 당나라에는 신라인들이 함께 모여 사는 마을이 있다던데."

오랫동안 흉년이 계속되고 생활이 어려워지자 아예 신라를 떠나려는 사람들이 많아졌어요. 이 무렵, 신라는 진골 귀족들이 왕위 다툼을 벌이느라 나라와 백성을 보살피는 일에는 무관심했어요. 욕심만 부리는 지배층의 모습을 보고서 신분이 낮은 귀족 관리들은 신라 사회에 크게 실망했어요.

"신라는 이제 글렀어."

"맞아, 차라리 당나라로 가는 게 낫겠어. 신라에 있어 봤자 우리는 더 높은 관직에 오를 수도 없는걸. 당나라는 다른 민족을 잘 받아 주잖아. 빈공과(당나라에서 외국 유학생들을 상대로 치른 특별 과거)에 합격하면 벼슬도 할 수 있지."

신라의 골품 제도에 가로막힌 사람들과 당나라로 건너가 새로운 기회를 잡으려고 하는 사람들이 너도나도 신라를 떠났어요. 당나라로 간 유학생들과 승려들 중에는 신라로 돌아오지 않고, 당에 그대로 남는 경우도 많았지요.

신라를 떠난 사람들이 당나라 해안 지역에 하나둘 모이다 보니, 자연스럽게 '신라방'이라는 마을이 생겨났어요.

신라가 당나라와 가깝게 지내기 시작하면서부터 무역이 활발해졌어요. 신라는 배, 인삼, 금은 세공품을 당나라에 팔았고, 비단과 책 등을 당나라에서 들여왔어요. 이때 주로 바다를 통해 거래가 이루어졌는데, 거의 신라방 사람들이 일을 독차지하다시피 했어요.

신라방의 규모가 커지자 신라방을 관리하는 자치 행정 기관인 '신라소'가 설치되었어요. 그리고 신라 사람들이 편하게 쉬면서 먹고 잘 수 있게 '신라관'도 세워졌어요. 신라인들이 세운 사원인 '신라원'에서는 신라인들이 무사히 항해할 수 있도록 기원하는 의식이 치러졌어요.

바다의 왕자가 국제 무역을 이끌었어요

장보고

장보고는 신라에서 태어났지만 골품 제도 때문에 출세 길이 막혀 당나라로 떠났어요. 거기에서 뛰어난 무술 실력을 인정받아 당나라 군대의 장교가 되었어요.

당시 당나라에는 신라 사람들을 괴롭히는 해적들이 많았어요. 해적들은 신라 사람들을 잡아 노예로 팔았어요. 그 모습을 본 장보고는 큰 충격을 받고 828년에 신라로 돌아와 흥덕왕을 찾아갔어요.

"폐하! 제게 군사를 내어 주시면 청해에 머물면서 신라인들을 위협하는 해적들을 무찌르겠나이다."

"좋소! 그대에게 1만 군사를 줄 테니, 부디 해적들을 물리쳐 주시오."

장보고는 오늘날 전라남도 완도에 청해진을 세우고, 황해 근처에서 약탈을 일삼던 해적들을 모두 소탕했어요. 그 후, 장보고는 새로운 일을 계획했어요.

"이제 평화로워졌으니 청해진을 중심으로 가까운 나라끼리 서로 물건을 사고파는 것도 좋겠구나."

당시 무역은 주로 바다를 통해 이루어졌어요. 군사 기지였다가 무역항으로 거듭난 청해진에는 많은 외국 상인들이 찾아왔고, 물건도 넘쳐 났어요. 곧 청해진은 당과 일본을 이어 주는 무역의 중심지가 되었지요. 이렇게 당-신라-일본을 연결하는 무역을 주도하면서 장보고는 '해상왕'이라고 불렸어요.

장보고는 청해진에서 백성과 인재를 보듬어 주고, 뛰어난 해상 능력을 펼치며 힘을 키워 갔어요. 그러나 846년, 힘센 군대와 재산을 가지게 된 장보고를 시기하고 두려워한 귀족들이 장보고를 몰래 죽였어요. 장보고가 죽은 뒤에 신라 귀족들은 청해진에 있던 사람들을 다른 곳에 살게 하였고, 청해진에서 더 이상 거래할 수 없게 했어요. 활발했던 신라의 해상 무역은 큰 혼란에 빠졌어요. 당나라, 일본, 신라 모두 경제적 피해를 입었고, 신라 최고의 무역항이었던 청해진은 역사 속으로 사라졌어요.

2장

후삼국 시대부터 고려 시대까지

- 통일 신라의 몰락
- 견훤
- 궁예
- 태조 왕건
- 노비안검법
- 서희와 강감찬
- 고려의 여성 지위
- 고려 시대의 불교
- 벽란도

- 고려청자
- 묘청의 서경 천도 운동
- 무신의 난
- 만적의 난
- 팔만대장경
- 삼별초의 항쟁
- 원의 간섭
- 공민왕의 개혁

통일 신라는 왜 무너졌나요?

통일 신라의 몰락

　신라는 당나라와 힘을 합쳐 고구려와 백제를 무너뜨렸어요. 한반도 중남부를 차지하여 통일 신라를 이루고 약 100년 동안 잘 살았지요. 그러다가 9세기 말 진성 여왕이 나라를 다스릴 무렵부터 나라의 형편이 점점 어려워지기 시작했어요. 곳곳에 도적이 들끓었고 백성들은 불만을 터뜨리며 난을 일으켰어요. 그런데도 귀족들은 나 몰라라 했고, 진성 여왕은 관리를 앞세워 세금을 더 거둬들였지요.

　마침내 농민들의 분노가 폭발했어요. 지금의 경상북도 상주 지역의 농민이었던 원종과 애노는 사람들을 모아 놓고 말했어요.

"여러분! 우리는 이렇게 굶주리고 있는데, 수도 금성(경주)에 사는 귀족들은 사치스러운 생활을 하며 자기 배만 불리고 있습니다."

"맞습니다. 더 이상 참을 수 없습니다. 우리가 나서서 이 나라를 바로잡아야 합니다."

"옳소! 우리 손으로 농사지을 땅을 되찾읍시다."

상주에서 시작된 농민 봉기는 곳곳으로 번져 나갔어요. 그러자 지방에서 커다란 세력을 가진 호족들도 들고일어났어요.

"더 이상 굶주림에 시달리고 있는 백성들을 못 본 체할 수 없습니다. 신라 왕실을 무너뜨리고 새로운 나라를 세워야 합니다."

어느 나라든 지배층이 부패하기 시작하면 그 나라는 흔들리게 마련이에요. 천 년의 역사를 자랑하던 신라의 지배층도 힘들게 살고 있는 백성에게 등을 돌린 채, 자기들 배만 불리는 데 급급했지요. 왕과 귀족들은 왕위 다툼과 사치 놀음에 빠져 점점 힘을 잃어 갔어요. 이처럼 지배층이 부패하면서 통일 신라의 운명도 점점 기울어지기 시작했어요.

호랑이 젖을 먹은 아이가 후백제를 세웠어요

견훤

867년에 신라의 상주 가은현(지금의 문경)에서 한 사내 아기가 태어났어요. 어느 날, 아기를 논밭 근처에 두고 농사일을 하던 부모는 일을 끝내고 아기에게 가 보았어요. 그런데 믿을 수 없는 광경이 펼쳐진 거예요.

"여, 여보! 여기, 여기 좀 보세요."

"아니, 어떻게 호랑이가 우리 아기에게 젖을 물리다니! 이 아이는 분명 장차 큰일을 하게 될 거요."

호랑이 젖을 먹고 자란 이 아기가 훗날 후백제를 세운 견훤이에요.

견훤은 신라 진성 여왕 때에 벼슬에 올라 신라의 서남 해역을 지키는 군인이 되었어요. 892년, 견훤은 마침내 약 5,000명의 농민군을 거느리고 무진주(지금의 광주)와 완산주(지금의 전주)를 차지했어요. 이때 부하들은 견훤에게 새로운 나라를 세우자고 청했어요.

"장군님, 어서 빨리 나라를 세워 왕이 되십시오."

"지금은 때가 아니다. 더 힘을 길러야 한다."

그로부터 8년 뒤인 900년, 견훤은 새로운 나라를 세울 때가 되었다고 생각했어요. 완산주를 수도로 삼고 스스로 왕이 되었지요. 완산주 일대는 옛날 백제 땅이었어요. 신라 출신이었던 견훤은 그곳에 살고 있는 백성들의 민심을 사기 위해 나라 이름을 백제라고 지었어요. 백제를 이어받은 나라라는 뜻을 품고 있는 것이지요.

후대 사람들은 삼국 시대의 '백제'와 견훤이 세운 '백제'를 구별하기 위해, 견훤이 세운 백제에 '후' 자를 붙여 '후백제'라고 불렀어요.

후백제는 오늘날의 전라도와 충청도 대부분을 차지한 나라로 성장했어요. 이후 정치 체제를 갖추고, 군사들의 무기와 정신 자세를 새롭게 갖추어 나라의 기틀을 다지며, 외교에도 힘을 썼어요. 중국과 왜에 사신을 보내기도 했고, 한창 세력을 날리던 궁예에게 관직을 내리기도 했지요. 하지만 아들들의 권력 다툼과 배신으로 인해 견훤은 고려의 왕건에게 백기를 들었어요. 결국 936년에 후백제는 역사의 뒤편으로 사라졌어요.

관심법으로 후고구려를 다스렸어요

궁예

궁예는 신라 왕자 출신이었어요. 그런데 신라 왕실은 궁예가 장차 나라를 망칠 것이라는 예언을 듣고서 어린 궁예를 죽이려고 했어요. 이런 위급한 상황에서 궁예는 왼쪽 눈을 다치긴 했지만 운좋게도 목숨은 건질 수 있었어요.

일반 백성의 집에서 자란 궁예는 일찍이 승려가 되어 백성들의 삶을 직접 볼 수 있었어요. 길에는 배고파 쓰러진 사람들과 갈 곳 없는 부랑자들이 많았어요.

"스님, 먹을 게 있으면 좀 주십시오."

"내가 가진 건 이 옷뿐이오. 자, 이거라도 덮으시오."

궁예는 썩어 빠진 신라를 무너뜨리고 새로운 나라를 세워야겠다고 생각했어요. 그래서 절에서 나와 어려움에 빠진 백성들을 구하겠다는 큰 뜻을 품고 양길을 찾아갔어요.

양길은 신라 북쪽 지역에서 세력을 떨치던 사람이었어요. 양길은 궁예의 됨됨이를 보고 곧바로 장수로 삼았어요. 양길의 부하가 된 궁예는 맨 앞에 서서 신라 성을 공격했어요. 부하들은 그런 궁예를 믿고 잘 따랐어요. 궁예의 인기는 날로 높아졌고, 그를 따르는 군사들도 점점 많아졌지요.

세력을 키운 궁예는 자신을 도와준 양길도 공격하였어요. 그리고 지금의 강원도와 경기도, 황해도와 충북 지역을 차지하였어요. 당시 강원도와 경기도 지역에서는 고구려 부흥 운동이 일고 있었어요. 그래서 궁예는 901년에 신라를 몰아내고 고구려를 다시 일으키자는 뜻에서 나라 이름을 후고구려라 하고, 왕이 되었어요.

궁예는 처음에는 나라를 잘 다스렸고, 백성들의 민심을 얻었어요. 그런데 궁예의 힘이 너무 강해지자 그를 견제하는 호족 세력이 생겨났어요. 궁예는 그런 호족들을 다독여 품지 않고, 자기를 반대하는 세력은 무조건 죽였어요. 그리고 스스로를 미륵불이라 부르며 백성들이 자신을 부처처럼 받들길 바랐어요. 또 자기에게는 사람의 마음을 읽을 수 있는 관심법이 있다며 죄 없는 사람들을 많이 죽였어요.

그러자 민심은 돌아섰고 궁예의 포악한 정치를 견디다 못한 호족들이 들고 일어났어요. 918년, 결국 궁예는 도망가다가 지금의 평강에서 백성들 손에 죽었다고 해요.

고려는 어떻게 세워졌나요?

태조 왕건

　궁예가 나라와 백성을 잘 다스리지 못하자 궁예 밑에 있던 장군들과 호족들이 왕건의 집을 찾았어요. 왕건은 송악(지금의 개성) 출신의 호족으로, 궁예의 장수였어요.

　"왕건 장군님, 많은 백성들이 고통받고 있습니다. 장군께서 왕위에 오르셔서 새로운 나라를 세워 주십시오."

　"좋습니다. 그럼 제가 여러분의 뜻을 받들어 앞장서겠습니다."

　918년, 새로운 중심 세력이 된 왕건은 여러 장군들과 많은 호족들과 함께 궁예를 물리쳤어요. 왕건은 왕이 된 뒤, 고구려를 계승한다는 의미에서 나라 이름을 '고려'라 짓고, 도읍을 송악으로 옮겼어요.

936년 견훤이 이끄는 후백제도 왕건의 군대에 무릎 꿇었고. 신라의 경순왕은 전투 한번 해 보지 못하고 왕건에게 나라를 바쳤어요. 왕건이 마침내 후삼국을 통일하였지요.

왕건은 궁예와 달리 호족들과 사이좋게 지내기 위해 많은 정책을 펼쳤어요. 그중 대표적인 것이 바로 혼인 정책이에요. 왕건은 지방에 큰 세력을 가지고 있는 호족들의 딸과 혼인했어요. 그래서 왕건의 부인은 29명이나 되었대요. 또 왕건은 호족들 몇몇에게 자신의 성인 왕씨를 주어 가족 관계를 맺었어요. 덕분에 왕건은 호족들과 다툼 없이 하나로 뭉칠 수 있었어요.

왕건은 옛 고구려의 땅을 모두 되찾기 위해 북진 정책도 활발하게 펼쳤어요. 일 년에 100일 이상을 국경 근처의 평양성에 머물면서 북쪽으로 영토를 확장할 계획을 세웠어요. 또한 후고구려, 후백제, 신라 출신을 가리지 않고 지배 세력으로 받아들였어요. 발해 유민까지도 적극적으로 받아들여 우리 민족을 하나로 통합하려고 했지요.

태조 왕건이 호족과 친밀하게 관계 맺고 북쪽 영토를 확장하고 백성들에게 한민족이란 의식을 심어 주어 고려는 나라의 기틀을 마련할 수 있었어요.

광종은 왜 노비를 양인 신분으로 바꿔 줬나요?

노비안검법

고려의 태조 왕건은 후삼국을 통일하고 어진 정치로 백성과 나라를 평안히 만들었어요. 그러나 왕건이 죽자, 왕위 계승 문제로 왕실에 분란이 일어나고 호족들은 더 많은 권력을 가지기 위해 다투었어요.

호족은 지방 세력으로 많은 재산과 땅, 노비를 거느리고 자신이 사는 지역을 관리했어요. 호족들의 힘이 얼마나 셌던지 왕건의 맏아들 혜종은 불과 2년밖에 왕위를 지키지 못하고 세상을 떠날 정도였어요.

949년, 고려 제4대 왕이 된 광종은 왕의 힘은 점점 약해지는데 호족들의 힘은 점점 커지고만 있어 고민이 많았어요.

'아, 어떻게 하면 왕권을 강화할 수 있을까?'

그러던 어느 날, 광종이 신하들을 불러 놓고 말했어요.

"호족들이 불법으로 소유하고 있는 노비를 양인으로 돌려놓는 노비안검법을 실시하겠노라."

고려 시대의 양인이란 피지배 계층 가운데 주로 농민으로 이뤄진 일반 백성이에요. 당시에는 양인들 중에 빚을 갚지 못하여 억지로 호족들의 노비가 된 사람들이 많았어요. 호족들을 위해 일하고 싸우는 노비는 호족들의 중요한 재산이었어요. 광종은 이런 노비들을 양인으로 돌려놓으면 호족들의 힘이 많이 약해질 거라고 생각했어요.

그리고 양인은 세금도 내고 군대에 가기 때문에 나라에 보탬이 되지만, 노비는 주인만을 위해 일할 뿐 나라에 큰 도움이 못 되었지요.

광종의 명을 들은 호족들은 펄쩍 뛰었어요. 하지만 광종은 호족들의 거센 반대에도 불구하고 956년에 노비안검법을 실시했어요. 그래서 광종은 억울하게 노비가 된 사람을 양인으로 돌아가게 했어요. 결국 광종의 노비안검법으로 인해 호족들의 힘은 점차 약해졌고, 왕권은 다시 강해졌어요.

고려는 어떻게 거란의 침입을 물리쳤나요?

서희와 강감찬

고려는 960년에 세워진 송나라와 국교를 맺었어요. 당시 고려의 북쪽 지역에 있던 거란은 고려가 송나라와 가까이 지내는 것을 못마땅하게 여겨, 993년에 고려를 쳐들어갔어요. 고려의 여러 신하들이 항복하자고 했지만 서희는 직접 거란의 장수 소손녕을 만나 보러 갔어요.

"고려는 옛 신라 땅에 세워진 나라인데, 왜 우리가 가지고 있는 옛 고구려 땅을 넘보는 것이오? 그리고 고려는 가까이 있는 거란을 놔두고, 멀리 있는 송나라와 친하게 지내는 것이오?"

"나라 이름에서도 알 수 있듯이 고려는 고구려를 계승한 나라입니다. 거란은 지금 옛 고구려 땅에 있으니 우리에게 그 땅을 주어야 합니다. 압록강 근처에 여진이 가로막고 있어 거란과의 교역이 쉽지 않습니다. 만약 여진을 물리치고, 압록강 근처의 강동 6주를 고려에 돌려준다면 송나라와 관계를 끊고 거란과 국교를 맺겠습니다."

소손녕은 서희의 말을 듣고 보니 고려가 송과의 관계를 끊는다면 굳이 전쟁을 할 필요가 없다고 생각했어요. 그래서 고려와 화친을 맺고, 강동 6주를 내어 준 뒤 군사를 돌렸어요.

그런데 고려는 송나라와 관계를 끊지 않았어요. 그래서 거란은 1010년에 고려를 공격했지만, 고려군의 저항에 막혀 아무것도 얻지 못한 채 돌아갔어요.

1018년, 거란의 장군 소배압이 10만 대군을 이끌고 고려를 침략했어요. 강감찬 장군은 거란군이 흥화진 강을 건널 때, 소가죽으로 막았던 강물을 터뜨려 거란군을 공격했어요. 그리고 도망치는 거란군을 귀주까지 쫓아가 무찔렀어요. 이 전투를 귀주 대첩이라고 해요.

거란은 993년부터 1019년까지 약 30년에 걸쳐서 세 번이나 고려를 침략했어요. 고려는 말 한마디로 거란을 물리친 서희와 뛰어난 군사 작전으로 거란군을 물리친 강감찬 장군 때문에 거란의 3차 침입을 모두 막을 수 있었어요. 그 후 약 200년 동안 고려는 평화를 누렸어요.

강동6주와 천리장성

고려 시대에는 왜 남자가 처가살이를 했나요?

고려의 여성 지위

고려 시대 충렬왕 때 박유라는 벼슬아치가 충렬왕에게 아뢰었어요.

"원나라 사람들이 들어와서는 고려 처녀들과 혼인하고 있습니다. 이대로 두었다가는 고려 처녀들이 모두 원나라로 가게 될까 두렵습니다."

"그래서 무슨 좋은 방법이라도 있소이까?"

"네! 고려 남자들이 첩을 둘 수 있게 하면 고려 처녀들이 원나라로 가는 일이 없을 것이옵니다."

얼마 후, 박유가 불교 행사 가운데 하나인 연등회에 참여하기 위해 거리로 나섰어요. 이때 어떤 노파가 박유에게 손가락질하며 화를 냈어요.

"첩을 두자고 주장한 자가 바로 저 늙은이다!"

이 말을 듣고 주위 사람들이 박유를 향해 마구 삿대질을 하며 욕을 퍼부었어요.

당시 첩을 두자는 의견에 찬성하는 신하들도 많았으나 자기 처를 무서워하는 사람들도 많았어요. 그래서 박유의 의견은 결국 받아들여지지 못했어요.

박유의 일화에서 보듯 고려 시대 여성들의 지위는 높았어요. 고려 시대에는 '시집간다'라는 말이 없었고 '장가간다'라는 말만 있었지요. 장가는 곧 처가를 가리켜요. 실제로 결혼식도 처가에서 올리고, 아이들이 어느 정도 클 때까지 남자들이 처가살이를 했다고 해요.

딸을 키워 결혼시키면 든든한 사위를 데려오니까, 아들이 딸보다 귀하다는 생각도 없었지요. 때에 따라 친정집을 나와 살거나, 시집에 들어가 사는 경우도 있었어요. 하지만 남편이 죽으면 대부분 다시 친정으로 돌아갔어요.

그뿐만 아니라 고려 시대 여성들은 이혼을 비교적 자유롭게 했고, 지금처럼 재혼도 했어요. 결혼한 뒤에도 자기 재산을 마음대로 할 수도 있었어요. 게다가 고려 시대에는 여자도 호주(한 집안의 주인)가 될 수 있었지요. 제사도 아들딸이 돌아가면서 지냈고, 유산도 아들딸이 똑같이 상속받을 수 있었어요.

이런 사실로 미루어 고려 시대에는 조선 시대에 비해 남녀 차별이 적었다는 걸 알 수 있어요.

왜 절이 고려 경제의 중심지가 되었나요?

고려 시대의 불교

연등회를 며칠 앞둔 어느 날, 수많은 사람들이 금강산의 장안사에 모여들었어요. 사람들은 절 앞마당에 여러 가지 물건을 내놓고 장사하기 시작했어요.

"이 향은 얼마예요?"

"아이고 스님, 보시는 눈이 있네요. 이게 최고급 향이에요. 제가 스님한테는 특별히 싸게 드릴게요."

불교 행사에 필요한 물건을 사는 스님도 있었고, 절에서 만든 소금, 기름, 벌꿀 등을 파는 스님도 있었어요. 고려 시대의 절에서는 쌀이나 베를 농민들에게 꾸어 주고, 그 이자를 붙여 받는 일도 했어요.

"스님, 저는 쌀을 좀 꾸려고 왔습니다. 이자가 얼마나 되나요?"

"이자율은 원금의 3분의 1이라네. 그러니까 자네가 쌀 15말을 꾸었으면 이자는 5말이 되는 게지."

심지어 고려 시대에는 절에서 술을 빚어 팔기도 하고, 여행자를 위한 숙박 시설을 운영하기도 했대요. 이런 숙박 시설을 '원(院 집 원)'이라고 했어요.

이처럼 고려 시대의 절은 여러 가지 방법으로 돈을 벌어 많은 재물을 모았어요. 그리고 그렇게 모은 재물로 가난한 백성들을 돕는 일을 했대요.

고려 시대에 절이 활발하게 경제 활동을 할 수 있었던 건 태조 왕건의 영향이 커요. 고려를 세운 태조 왕건은 죽으면서 자손들에게 10가지의 유언을 했어요. 이를 '훈요 10조'라고 하는데, 후에 고려의 왕들에게 대대로 전해져 나라를 다스리는 기본이 되었어요. 그중에는 "나라를 통일한 것은 부처의 힘이다. 불교를 장려하고 불교를 잘 보호하라. 연등회와 팔관회 등의 불교 행사를 소홀히 하지 말라."라는 내용이 들어 있어요.

고려의 왕들은 태조의 뜻을 받들어 불교를 우대했고, 절은 나라의 지원을 받으며 나날이 성장해 경제 활동의 중심 역할을 하게 되었지요.

언제부터 우리나라가 '코리아'라고 불렸나요?

벽란도

"이곳이 바로 고려의 무역항인 벽란도다. 모두 짐을 내려라!"

아라비아 상인 아브라함의 명령이 떨어지자 상인들은 재빨리 짐을 내렸어요. 고려의 벽란도에는 송나라 상인, 아라비아 상인, 일본 상인, 동남아시아 상인들이 바쁘게 오가고 있었어요.

"우아, 대단하다. 이 많은 사람들이 다 어디에서 왔지?"

아브라함 일행은 눈이 휘둥그레져서 벽란도를 둘러봤어요. 벽란도에는 수많은 상인들이 다양한 물건을 사고팔고 있었어요. 아브라함 일행도 가지고 온 물건을 풀어 놓았어요. 그러자 수많은 사람들이 몰려들었어요.

"이게 뭐요?"

"아, 이거요? 이건 후추라는 겁니다. 음식에 넣어 먹는 향신료예요."

"이건요?"

"그건 거울입니다. 자기 얼굴을 볼 수 있어요"

벽란도에는 외국 사신들이나 외국 상인들이 머무는 벽란정이 있었어요. 벽란정에는 특히 송나라 상인들이 많이 묵었어요. 송나라 상인들은 대개 비단, 약재, 책 등을 갖고 와 팔았고, 고려 상인들은 인삼, 모시, 종이, 먹 등을 팔았지요. 그중에서도 고려의 인삼과 종이는 유명해서 없어서 못 팔 정도였대요.

이처럼 벽란도에서 상업이 발달할 수 있었던 건 고려의 수도인 개경과 가깝고, 수심이 깊어 배가 지나다니기 쉬웠기 때문이에요. 그리고 태조 왕건의 집안이 대대로 해상 무역을 해 온 것도 한몫했지요.

왕건은 왕위에 오른 뒤 수도 개경과 벽란도에 큰 시장 몇 개를 만들었어요. 그 시장에는 가게들이 아주 많았는데, 왕건은 그 가게들을 중심으로 상업을 적극 장려했어요.

이때 고려를 다녀간 아라비아 상인들은 '고려'를 '코리아'라고 발음했어요. 그래서 지금도 서양인들은 우리나라를 '코리아'라고 부르고 있답니다.

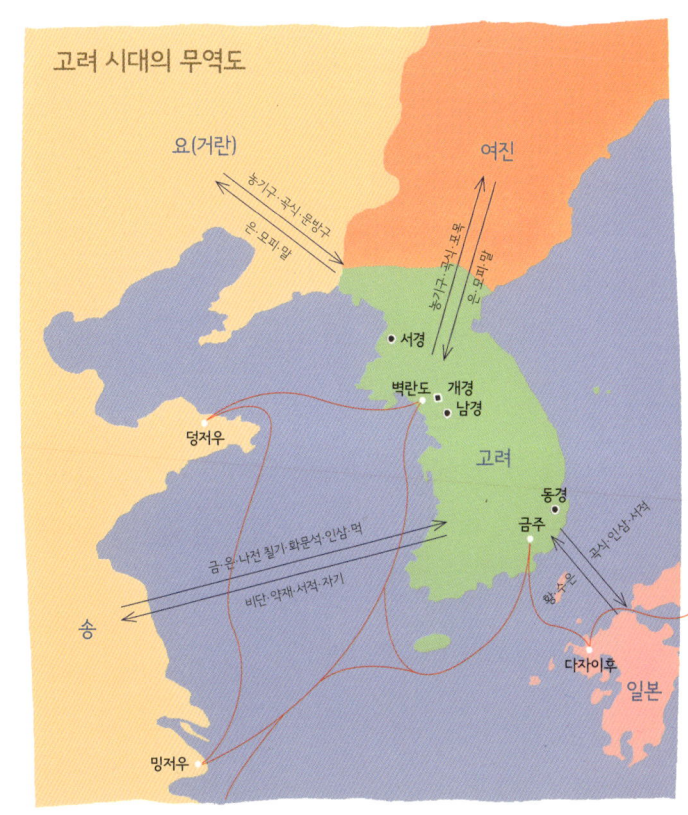

고려 시대의 무역도

천하제일의 도자기를 만들었어요

고려청자

만복은 청자 만드는 기술을 배우기 위해 전라도 강진을 찾았어요. 전라도 강진에 청자를 만들어 굽는 가마가 있거든요.

"어르신! 청자 만드는 기술을 배우고 싶어서 왔습니다."

"청자는 아무나 만들 수 있는 게 아니라네!"

장인이 받아 주지 않자 만복은 무릎을 꿇고 간절히 부탁했어요. 장인은 몇 번이나 거절했지만 만복은 포기하지 않았어요. 만복의 정성에 감동한 장인은 청자 만드는 기술을 가르쳐 주기로 했어요.

"정신 차리고 잘 들어라. 단단하고 물이 새지 않는 아름다운 도자기를 구우려면 먼저 1,400도가 넘는 온도에서 흙을 굽는 기술이 필요하지. 그리고 이 높은 온도를 만들기 위해 불을 때는 가마를 만드는 기술이 필요하단다. 게다가 은은한 비취색을 내려면 불 조절을 아주 잘해야 하지."

이처럼 청자는 과학적인 기술이 뒷받침되어야 만들 수 있었어요. 10세기 이후 고려는 이런 기술을 활용해 아름다운 청자를 만들었어요. 고려청자는 중국과 일본 사람들에게도 인기가 많았어요. 송나라의 태평노인이라는 사람은 고려청자를 '천하제일'이라고 높이 평가했고, 동양 도자기 전문가인 영국인 하니는 "고려청자는 독창적이며 세계에서 만든 도자기 중 가장 아름다운 도자기이다."라고 했어요.

12세기 무렵에 고려청자를 상감 기법으로 만들기 시작하면서 더 큰 인기를 끌었어요. 보통 청자는 아무 무늬 없이 그윽한 푸른색을 띠지만, 상감은 무늬를 새기고 거기에 다른 물질을 채우고 도자기를 굽는 기법이에요.

고려청자는 접시, 항아리, 잔 등 생활에 쓰이는 그릇부터 제사용품, 불교용품, 화장용품 등에 이르기까지 다양하게 만들어졌지요. 하지만 가격이 매우 비싸서 왕실이나 귀족들, 큰 절에서만 사용했다고 해요.

청자 상감진사모란문 매병
고려청자 가운데 하나로 보물 제346호예요. 어깨가 둥글고 풍만하며 허리 곡선이 유연하게 만들어졌어요. 모란꽃 꽃잎 끝에 검붉게 상감하여 장식했어요.

묘청은 왜 수도를 옮기려 했을까요?

묘청의 서경 천도 운동

1122년, 인종은 열네 살의 어린 나이에 고려 제17대 왕이 되었어요. 그러자 왕의 장인이자 외할아버지였던 이자겸이 정권을 잡고 권력을 마구 휘둘렀어요. 심지어 이자겸은 인종을 죽이고 자기가 왕이 되려고 했어요. 인종은 겨우 이자겸의 반란을 막았지만, 문벌 귀족들의 권력 다툼으로 고민이 많았어요. 문벌 귀족은 왕실의 친척들이나 집안 대대로 벼슬을 해 온 지배층이에요.

그러던 어느 날, 고려의 앞날을 걱정하던 승려 묘청이 인종을 찾아왔어요.

"폐하, 개경(지금의 개성)은 이자겸의 난으로 궁궐까지 불에 타 버리고 백성들의 마음도 떠났습니다. 서경(지금의 평양) 땅이 명당이니, 수도를 서경으로 옮기십시오."

왕권을 강화할 방법을 찾고 있던 인종은 묘청의 주장에 귀가 솔깃했어요.

"그리고 고려를 황제국으로 칭하고, 독자적인 연호를 사용해야 하며, 금나라를 정벌해야 합니다."

"경은 풍수지리를 잘 알고 있으니, 서경으로 수도를 옮기고 그곳에 새 궁궐을 짓도록 하시오."

그러자 김부식을 비롯한 개경의 문벌 귀족들은 반대의 목소리를 높였어요.

"서경으로 수도를 옮겨야 나라가 강해진다니요? 땅의 기운으로 금을 물리칠 수 있다니요? 말도 안 됩니다. 폐하, 교묘한 말로 폐하와 백성들의 마음을 어지럽히는 묘청을 당장 내치십시오!"

문벌 귀족들은 수도를 서경으로 옮기면 권력을 잃게 될까 봐 두려워했어요. 문벌 귀족들의 반대가 계속되자 인종은 수도를 옮길 계획을 포기할 수밖에 없었어요.

그러자 화가 난 묘청은 1135년에 서경에서 반란을 일으켜 '대위국'이라는 나라를 세웠어요. 인종과 문벌 귀족들은 김부식을 총사령관으로 내세워 묘청의 반란을 진압했어요.

비록 묘청의 서경 천도 운동은 실패했지만, 금나라에 대한 고려인의 자주의식을 보여 줬어요. 그리고 귀족들에 대한 백성의 저항 의식을 엿볼 수 있는 사건이었어요.

고려 무신들이 들고일어났어요

무신의 난

　고려 18대 왕인 의종과 문신들은 나라를 잘 다스릴 생각은 하지 않고, 매일 어울려 술만 마시고 놀았어요. 그러는 동안 무신들은 보초를 서며 이들을 보호해야 했지요. 문신은 일반 행정을 보는 벼슬아치고, 무신은 군사 일을 보는 벼슬아치예요.

　1170년 8월 30일, 의종은 문신들과 궁 밖의 보현원으로 나들이를 나섰어요. 마찬가지로 무신들은 이들을 지켜야 했지요. 의종은 오문이라는 곳에 이르자 무신들을 불러서 수박희를 펼쳐 보라고 했어요. 수박희란, 수박이라고 하는 맨손 무예를 서로 겨루는 시합이에요.

이때 무신 중에서 이소응이라는 나이 많은 대장군이 젊은 무신과 무예를 겨뤘어요. 그런데 나이가 많고 힘에 부쳐 기권을 하고 말았어요. 그러자 의종이 아끼는 젊은 문신이 다짜고짜 이소응의 뺨을 후려쳤어요.

"이놈! 평생 전쟁터를 누빈 장수가 풋내기 하나 못 이기다니. 한심하군."

의종과 문신들은 젊은 문신을 말리기는커녕 오히려 박수를 치며 이소응 대장군을 비웃었어요.

그 모습을 본 무신들은 머리끝까지 화가 치밀어 올랐어요. 사실 무신들 가운데 정중부, 이의방, 이고 등은 몇 달 전부터 문신들을 몰아낼 계획을 세우고 있었어요. 문신들이 비웃는 모습을 본 무신들은 드디어 칼을 뺄 때가 왔다고 생각했지요. 오문을 떠나 보현원에 도착하자 무신들은 문신들을 모조리 죽였어요. 그리고 의종을 거제도로 보냈어요.

그 후 약 100년 동안 고려는 무신들의 세상이 되었어요. 이 기간을 '무신 정권 시대'라고 해요. 하루아침에 권력을 잡은 무신들은 임금을 꼭두각시로 앉히고, 높은 벼슬을 모두 차지했어요. 그리고 행정 기관으로 중방을 세워 나랏일을 마음대로 처리했답니다.

힘들었던 백성들은 무신들에게 많은 기대를 했어요. 하지만 무신들도 자신의 권력에만 눈이 멀어 서로 싸움을 하는 바람에 어지러운 시대가 이어졌어요.

왕후장상의 씨가 따로 있는가?

만적의 난

　무신이 문신을 몰아내고 나라를 다스리자 백성들은 안정된 사회를 기대했어요. 그러나 무신들은 백성들의 땅을 빼앗고, 세금을 많이 거두는 등 백성들을 더욱 못살게 했어요. 백성들의 불만은 이만저만이 아니었지요.

　1198년 어느 날, 노비 만적은 산에 나무를 하러 간다고 하고 이웃에 사는 노비들을 몰래 만났어요. 만적은 무신 정권의 최고 우두머리인 최충헌의 노비였어요.

　"자네들, 나와 함께 노비가 없는 세상을 만들지 않겠나?"

"자네 미쳤어? 큰일 날 소리를 다 하네."

"무신들이 나라를 다스리면서 노비 출신인 이의민도 높은 벼슬을 하고 있지 않나? 왕후장상(왕, 귀족, 장군, 재상)이 어디 따로 있는가? 누구나 능력이 되면 할 수 있는 게야."

만적이 끈질기게 설득하자 다른 노비들도 결국 찬성했어요.

"좋소! 그럼 5월 17일, 흥국사에 모입시다. 먼저 각자의 주인을 죽이고, 노비 문서를 불태워 없앱시다. 그러면 이 나라에서 노비는 사라질 겁니다."

그런데 그날 밤 만적의 동료인 순정은 깊은 고민에 빠졌어요.

"만약 실패하면 어떻게 되는 거지? 반란에 가담한 우리 모두는 죽게 될 텐데……."

순정은 고민 끝에 자신의 주인인 한충유에게 모든 사실을 털어놓았어요. 한충유는 그길로 최충헌에게 달려갔고, 최충헌은 그 즉시 만적을 비롯한 노비들을 잡아 죽였어요. 만적의 봉기는 허무하게 실패하였지요.

하지만 그 뒤로도 농민과 천민들의 봉기는 계속 이어졌어요. 만적 같은 노비와 농민들이 끝없이 봉기를 일으킨 이유는 생활이 어려웠기 때문이에요. 그리고 무신 정권 이후 낮은 신분의 사람들도 높은 벼슬자리를 꿰차는 것을 보고 신분 제도를 바꾸거나 없앨 수 있다고 생각한 것이죠.

만적의 노비 해방 운동은 비록 실패하긴 했지만, 우리나라 역사상 최초의 신분 해방 운동이라는 데에 역사적 의미가 있어요.

불심으로 외적을 물리쳐요

팔만대장경

　몽골은 날쌘 기병을 앞세워 중국과 아시아, 그리고 유럽의 일부를 지배한 세계에서 가장 힘이 센 나라였어요. 고려는 그런 몽골에게 무려 일곱 차례나 침략당했어요. 그때마다 몽골군은 고려를 무참히 짓밟았지요. 몽골군이 지나간 자리는 모두 잿더미로 변하고 시체가 산처럼 쌓였어요.

　1231년, 고려는 결국 몽골의 침입을 피해 궁을 강화도로 옮겼어요. 얼마 후, 당시 고려의 정권을 잡고 있던 최씨 무신 정권은 강화도에서 중요한 회의를 열었어요.

"모두 힘을 모아 대장경을 만들기로 합시다!"

"장군, 나라가 이미 전쟁으로 쑥대밭이 되었고, 나라의 운명은 바람 앞의 등불처럼 위태롭습니다. 한가롭게 대장경을 만들자고요?"

"모르는 소리 마시오. 우리 고려는 불교를 소중히 여기는 나라입니다. 어려운 일이 생기면 부처님에게 의지하여 위기를 극복했어요. 이번에도 마음을 하나로 모아 부처님의 말씀을 정성껏 새긴다면 고려를 이 위기에서 구할 수 있을 것이오."

원래 고려 사람들은 외적의 침입을 받아 나라가 위태로울 때마다 대장경을 만들었어요. 1011년 거란의 침입으로 개경을 빼앗겼을 때, 고려 최초의 대장경이 만들어졌지요. 이 대장경은 처음 만들었다는 뜻으로 《초조대장경》이라고 부르지요. 초조대장경은 몽골군의 침입 때 불타 버렸어요. 그래서 새로 만든 것이 바로 《팔만대장경》이에요.

《팔만대장경》의 목판은 8만 1,258장, 새겨진 글자 수는 5,272만 9,000자예요. 고려 백성들은 부처님이 나라를 지켜 주실 거라는 믿음으로 1236년부터 16년 동안 한 자씩 글자를 새겼어요. 그렇게 해서 만들어진 《팔만대장경》은 고려 백성들의 단결심을 이끌어 내는 데 큰 몫을 했어요. 《팔만대장경》은 800년이 지난 지금도 그 형태가 잘 보존되어 있는 소중한 우리 문화유산이에요.

팔만대장경판
한 글자를 새길 때마다 절을 세 번씩 했다고 해요. 정성을 들여 새겼기 때문에 수천만 개의 글자 가운데 틀린 글자는 거의 없어요.

삼별초는 끝까지 고려 조정에 맞서 싸웠어요

삼별초의 항쟁

고려는 몽골의 침략을 피해 강화도로 수도를 옮기고 40년 동안 끈질기게 맞섰어요. 몽골은 고려를 무릎 꿇리는 일이 생각보다 쉽지 않자 화해의 손을 내밀었어요.

"고려 왕이 직접 몽골에 와서 인사를 하고, 수도를 강화도에서 개경으로 옮긴다면 전쟁을 멈추겠다."

그러자 고려의 의견이 둘로 갈렸어요.

"우리 무신들은 개경으로 수도를 옮기는 데 반대합니다. 개경으로 돌아가면 몽골이 우리 무신들을 그냥 내버려 두지 않을 겁니다."

무신들은 그동안 왕보다 더 큰 권력을 휘두르며 편안히 살고 있었어요. 그래서 지금껏 누렸던 안락한 생활이 하루아침에 끝날까 봐 두려웠어요.

그러나 왕과 문신들은 생각이 달랐어요. 이 기회에 무신들을 몰아내고, 땅에 떨어진 왕의 권위를 되찾고 싶어 했지요. 고려 왕 원종은 몽골에 연락을 했어요.

"몽골이 요구한 대로 수도를 다시 개경으로 옮길 테니 잃어버렸던 왕권을 되찾는 데 힘을 보태 주시오."

1270년, 고려는 수도를 강화도에서 개경으로 옮겼어요. 이 일로 인해 100년 동안 이어져 내려오던 무신 정권은 무너졌고, 다시 왕이 중심이 되어 나라를 다스렸어요.

이때 고려 왕 원종은 이제 무신 정권을 옆에서 충실히 도와준 삼별초를 없애라는 명령을 내렸어요. 하지만 배중손이 이끄는 삼별초는 왕의 명령을 거부하고 반란을 일으켰어요. 삼별초는 강화도를 떠나 진도와 제주도에 성을 쌓고 4년 동안 고려 조정과 몽골에 맞서 싸웠지요. 하지만 결국 지고 말았지요.

삼별초의 항쟁에는 몽골에게 항복하지 않겠다는 애국심이 나타나 있다고 말하기도 해요. 하지만 삼별초가 고려 조정과 몽골에 대항한 데는 또 다른 이유가 있었어요. 삼별초는 무신 정권의 충실한 군대였어요. 그런데 무신 정권이 무너지고 왕권이 강해지자 처벌을 받을 것이 두려웠어요. 그래서 반란을 일으키고 고려 조정과 몽골군에 맞서 싸운 거예요.

고려 왕의 이름에는 왜 '충' 자가 들어가나요?

원의 간섭

고려 조정은 무신 정권을 몰아내고 강화도에서 개경으로 돌아왔어요. 하지만 이때부터 원나라의 간섭에 시달려야 했어요. 당시 몽골은 중국에서 세력을 넓혀, 1271년에 나라 이름을 '원'이라고 지은 뒤 중국을 다스렸어요. 원나라는 고려 영토의 일부를 직접 다스리고, 나랏일에도 이래라저래라 간섭이 심했어요.

어느 날, 원의 사신이 찾아와 고려의 세자를 원나라의 공주와 결혼을 시키라는 원나라의 명령을 전달했어요.

사신의 말에 고려 조정은 발칵 뒤집어졌어요.

"절대로 안 됩니다. 세자 저하께서는 장차 고려의 왕이 되실 분입니다. 원나라 공주와 혼인을 맺어 부마(황제의 사위)가 되면 고려는 원의 신하와 다름없는 부마국이 될 뿐입니다."

"하지만 원나라의 요구를 들어주지 않으면 저들이 또 전쟁을 일으킬 테고, 우리는 거기에 맞설 힘이 없는데 어떻게 하오?"

결국 고려의 세자들은 원나라의 공주와 결혼할 수밖에 없었어요. 처음으로 원의 부마가 된 왕은 고려 제25대 왕 충렬왕이에요. 충렬왕 이후 충선왕, 충숙왕, 충혜왕 등이 있었지요. 그런데 왜 이 왕들의 이름에 '충(忠, 충성 충)' 자가 들어갔을까요? '사위의 나라'로서 원에 충성을 다하라고 원나라에서 지어 준 이름이래요.

원의 간섭은 이뿐만이 아니었어요.

"앞으로 고려는 절대 황제라는 말을 사용할 수 없소. 따라서 정치 제도와, 관청 이름을 다 바꾸시오. 왕이 행차할 때에도 '만세'를 부를 수 없고, '천세'라고 해야 하오."

"뭐요? 우리 고려가 원의 신하가 되란 말이오?"

"아니, 새삼스럽게 왜 그러시오? 이미 고려는 원나라의 신하국이 되기로 약속하지 않았소? 그러니 두말할 것 없이 우리의 요구에 따르시오."

원나라는 고려의 수도 개경에 정동행성이란 관청을 설치하여 나랏일에 간섭하였고, 형법과 제도도 고치라고 요구했어요. 이처럼 고려는 100년 동안이나 원나라의 눈치를 보면서 간섭에 시달렸어요.

공민왕은 왜 신돈을 등용했나요?

공민왕의 개혁

고려 공민왕은 열두 살 때 원나라에 가서 살다가 원나라의 노국대장공주와 결혼을 하고 스물두 살 때 고려로 돌아왔어요. 1351년, 공민왕은 고려에 돌아와 왕이 되자마자 원나라의 그늘에서 벗어나기 위해 노력했어요.

"지금부터 원의 옷을 입거나, 원의 머리 모양인 변발을 금지한다. 그동안 원이 차지하고 있던 함경도 땅도 다시 빼앗고, 원이 왜를 침략하려고 우리 땅에 세운 정동행성도 없애 버리겠다. 이제 고려의 독립을 위해 힘쓰겠다!"

하지만 고려 조정에는 이미 부원 세력(원나라를 따르는 무리)들이 많았어요.

특히 기철은 자신의 누이동생이 원나라의 황후가 되자 그것을 믿고 온갖 횡포를 부리며 다녔지요. 공민왕은 우선 기철과 그 형제들을 모두 처단했어요. 하지만 남아 있는 부원 세력과 문벌 귀족들이 문제였어요.

공민왕이 어떻게 하면 백성들이 잘 살 수 있을까 고민하고 있을 때 승려 출신의 신돈이 나타나 말했어요.

"개혁을 위해 가장 먼저 부원 세력의 땅을 빼앗는 겁니다. 그리고 그 땅을 백성들에게 돌려주세요. 백성들이 직접 농사를 짓고 세금을 내야 나라가 잘 운영될 수 있으니까요."

신돈은 '전민변정도감'이라는 관청의 총책임자가 되어 개혁 정책을 펼치기 시작했어요. 백성들은 신돈의 개혁 정책을 반가워했어요. 하지만 신돈의 세력이 커지자, 그를 반대하는 사람들도 많아졌어요. 특히 신돈을 싫어했던 부원 세력은 신돈에 대한 안 좋은 소문을 퍼뜨리기도 했지요. 결국 신돈은 반역 음모를 꾀했다는 누명을 쓰고 1371년에 처형당했어요. 공민왕 또한 점점 커지는 신돈의 영향력이 못마땅하여 처형을 허락했어요. 그리고 1374년에 공민왕도 신하들에게 살해되고 말았지요.

공민왕은 신돈과 함께 나쁜 제도와 관습을 바로잡고 왕권을 강화하여 나라를 안정시키려 했지만 이들의 개혁은 결국 실패로 돌아갔어요. 그리고 고려의 운명은 점차 기울어 갔어요.

3장

조선 건국부터 조선 후기까지

- 위화도 회군
- 조선의 수도
- 사농공상
- 조선의 성리학
- 조선의 통치 제도
- 훈민정음
- 조선왕조실록
- 계유정난
- 경국대전
- 왕의 하루
- 조선의 교육 기관
- 사화
- 방납과 환곡의 폐단
- 당쟁
- 임진왜란
- 이순신

- 삼전도의 굴욕
- 북벌 정책
- 상평통보
- 영조의 탕평책
- 수원 화성
- 실학사상
- 이앙법
- 신분 제도의 변화
- 천주교의 전파와 탄압
- 흥선 대원군의 쇄국 정치
- 서민 문화의 발달
- 강화도 조약
- 갑신정변
- 동학 농민 운동
- 명성 황후의 시해

이성계는 어떻게 조선을 세웠나요?

위화도 회군

고려 말기에 공민왕이 죽은 뒤, 우왕이 왕위에 올랐어요. 그러나 왕권은 점차 약해져 갔고 귀족들은 제 욕심만 챙기느라 나라 살림이 더 어려웠어요. 그때 중국에서는 원나라가 무너지고 명나라가 세워졌어요. 명나라도 원나라 때처럼 고려에 무리한 요구를 했어요.

"공민왕이 빼앗아 간 철령 이북 땅은 원래 원의 땅이었다. 그러니 그 땅을 우리 명에게 넘겨라. 그러지 않으면 고려를 침략하겠다."

고려 우왕과 최영 장군은 명의 요구를 들어줄 생각이 전혀 없었어요.

"흥! 말도 안 되는 소리! 이참에 요동 지역을 공격하여 그 지역마저 우리 땅으로 만들겠노라."

하지만 고려의 장군이었던 이성계는 최영과 생각이 달랐어요.

"명나라를 공격해서는 아니 됩니다. 그 이유는 첫째, 작은 나라가 큰 나라를 거스르는 일은 옳지 않습니다. 둘째, 농사철인 여름에 군사를 일으켜선 안 됩니다. 셋째, 요동을 공격할 때 왜구가 침략할지도 모릅니다. 넷째, 여름이라 활의 아교가 풀어지고 전염병이 퍼질 것입니다."

그러나 우왕과 최영의 생각은 변함이 없었어요. 결국 1388년 4월 18일, 우왕은 이성계에게 명령을 내렸어요.

"이성계 장군은 요동으로 진격하라."

이성계는 5만 대군을 이끌고 위화도로 갔어요. 그러나 큰비 때문에 강을 건너지 못했어요. 압록강의 위화도에 진을 친 뒤에 우왕과 최영에게 사람을 보내 다시 돌아오라는 명령을 내려 달라고 요청했어요. 하지만 우왕과 최영은 요청을 받아들이지 않았어요. 그러자 이성계는 군사들에게 말했어요.

"지금 명과 전쟁을 하면 그 화가 백성들에게 미칠 것이다. 내가 군사를 되돌리고자 전하와 최영 장군께 청했으나, 정신이 흐려 말을 듣지 않고 있다. 나와 함께 전하의 정신을 흐리게 하는 간신들을 없애고 나라의 평안을 되찾자!"

이성계는 위화도에서 군사를 돌려 개경을 공격했어요. 이 사건을 '위화도 회군'이라고 해요. 위화도에서 회군한 뒤 이성계는 자신과 뜻을 같이하는 사람들을 모아 고려 조정을 장악했어요. 그리고 자신이 왕이 되어 새 나라를 세우고, 나라 이름은 고조선을 계승한다는 뜻에서 '조선'이라고 지었답니다.

철저한 계획도시를 만들었어요

조선의 수도

1392년 7월, 이성계는 조선의 첫 번째 왕(태조)이 되었어요. 하지만 왕이 된 후에도 궁궐에 살지 않고 조심스럽게 행동했어요. 그러자 그를 따르는 신하들이 물었어요.

"전하, 왜 궁궐에 머무르지 않으십니까?"

"아무래도 수도를 옮겨야겠구나."

당시 개경에는 여러 소문이 떠돌고 있었어요. 개경의 기운이 다했다는 소문도 있었고, 개경에 수도를 그대로 두면 신하가 왕을 몰아낼 거라는 소문도 있었어요. 그리고 개경에는 옛 고려를 그리워하는 사람들도 많이 남아 있었어요. 무엇보다 태조는 고려와 다른 조선 왕조의 새로운 모습을 백성들에게 보여 주고 싶었어요. 이런 여러 이유 때문에 태조는 수도를 옮기고 싶었어요.

하루는 태조가 무학 대사를 불러 답답한 마음을 털어놓았어요. 그러자 무학 대사가 한양(지금의 서울)으로 수도를 옮기는 게 좋을 것 같다고 말했어요.

"한양은 자연조건이 좋습니다. 한강이 굽이굽이 흘러 수로 교통이 편리하고, 국토의 중심에 자리 잡고 있습니다. 또한 넓은 평야와 높은 산(백악산, 남산, 낙산, 인왕산)들이 주위를 둘러싸고 있어 외적이 쳐들어와도 막기가 좋습니다."

이렇게 해서 태조 이성계는 1394년에 한양으로 수도를 옮겼어요. 그리고 한양 도성을 설계하는 데에 개국 공신(나라를 세우는 데 큰 공로가 있는 신하) 정도전을 책임자로 정했지요.

정도전은 철저히 계획적으로 한양 도성을 설계했어요. 경복궁과 도성을 지을 자리를 정하고 궁궐을 중심으로 동서남북 네 곳에 성문을 냈지요. 궁궐의 정문인 광화문 밖으로는 큰길을 내고, 길 양편에 나랏일을 하는 관청을 세웠는데 이 길을 '6조 거리'라고 불렀어요.

고려에서 조선으로 왕조가 바뀌면서 정치적인 이유로 수도를 옮기긴 했지만 한양의 지리적 위치는 많은 장점을 가지고 있어요. 지금 우리나라의 수도 서울이 한양이 있던 자리예요. 오늘날까지 600년 넘게 수도의 역할을 하고 있지요. 그래서 서울에는 조선 왕들이 살던 궁궐과, 조선 시대 사람들이 남긴 유적들이 많이 남아 있어요.

농업은 중하게 여기고 상업을 우습게 여겼어요

사농공상

만수는 행상을 하기 위해 길을 나섰어요. 행상은 떠돌아다니면서 장사를 하는 장사꾼이에요. 만수가 물건을 팔기 위해 마을로 들어서는데 포졸이 만수를 불러 세웠어요.

"어이! 떠돌이 행상. 잠깐 이리 좀 와 봐라."

"포졸 나리, 왜 그러십니까?"

"행상 허가증 좀 보자."

"허가증이라니요? 장사를 하는 데 그런 게 필요합니까?"

"어허, 이놈 봐라. 빨리 허가증 꺼내 봐라."

조선 시대에는 떠돌이 행상이라도 아무나 할 수 없었어요. 국가에 세금을 내야 하고, 따로 허가증도 받아야 했지요. 조정에서는 행상을 하는 상인들이 지나치게 많아지는 것을 원치 않았어요. 그래서 허가증을 가진 사람만 장사를 하게 했어요. 만수가 허가증이 없다는 것이 밝혀지자 포졸들은 만수를 잡아가려고 했어요.

"뭐? 허가증도 없이 장사를 해? 관가로 가자."

"나리, 한 번만 봐주십시오."

"이놈, 이거 안 놔? 감히 장사나 하는 상인 놈 주제에 어디서……."

조선 시대에는 왜 이렇게 상인들을 무시하고 억눌렀을까요? 상업이 발달하면 나라 경제도 좋아지고, 백성들의 살림살이도 나아졌을 텐데요.

그 이유는 조선의 중심 학문이었던 성리학 때문이었어요. 성리학에서는 사람은 모두 원래 착하게 태어났지만, 욕심 때문에 나쁘게 될 수 있다고 했어요. 그런데 자신의 이익을 챙겨야 하는 상인들은 어쩔 수 없이 남을 속이기도 하고, 어떻게 해서라도 물건을 많이 팔아야 했지요. 그러니 성리학을 따르는 지배층들이 이런 상인들을 좋게 볼 리가 없었겠지요.

조선 시대에는 사농공상(士農工商)이라고 하여 학문을 하는 사람(士 선비 사)을 제일로 알아줬고, 농사를 짓는 백성(農 농부 농)은 그다음으로 중하게 여겼어요. 하지만 물건을 만드는 사람(工 장인 공)이나, 그 물건을 파는 사람(商 장사 상)은 천하게 여겼답니다.

불교를 버리고 유교를 숭상했어요

조선의 성리학

　이성계가 위화도 회군을 한 이후 조선을 세우기까지는 약 4년이 걸렸어요. 이때 이성계가 조선을 세울 수 있도록 도와준 사람들이 바로 '신진 사대부'예요. 신진 사대부들은 유교를 공부한 뒤 과거에 합격하여 벼슬길에 오른 사람들이에요. 고려 시대 말에 원나라를 등에 업고 높은 벼슬자리에 앉아 권력을 누리던 '권문세족'과는 많이 달랐어요.

　어느 날, 신진 사대부들이 태조 이성계를 찾아왔어요.

　"전하, 이제부터는 불교 대신 유교를 바탕으로 나라를 다스려야 한다고 생각합니다. 고려는 불교를 숭상하는 나라였지만 결국 어땠습니까? 귀족들의 권력에 힘입어 승려와 사찰이 많은 재산을 가져 어려움이 있지 않았습니까? 불교 대신에 유교를 백성들에게 널리 알리고, 조선은 고려와 다른 나라라는 점을 분명히 밝혀야 합니다."

"다른 신하들도 모두 그렇게 생각하는가?"

"예, 전하! 백성들이 당장 유교를 받아들이는 것은 힘들 수 있으니, 지금부터 조금씩 법과 도덕, 제사와 의례 등을 유교식으로 바꾸어 나가야 합니다."

조선 조정은 새로운 왕이 새로운 나라를 다스리기 위해서는 새로운 국가 이념이 필요하다고 여겼어요. 고려 말에 불교가 가져온 안 좋은 일들이 다시 일어나지 않게 자식이 부모에게 효도를 하듯, 신하가 왕에서 충성을 강조하는 유교를 받들었습니다.

조선은 숭유억불(崇 존중할 숭, 儒 유학 유, 抑 물리칠 억, 佛 부처 불) 정책에 따라 승려와 사찰의 재산을 빼앗고, 사찰을 많이 없앴어요. 그리고 백성들이 생활 속에서 유교를 행할 수 있도록 삼강오륜과 관혼상제의 예를 지키도록 했어요. 유교의 영향으로 양반, 중인, 상민, 천민의 신분이 나뉘었고, 신분에 따른 차별도 생겨났어요.

새 나라를 새 그릇에 담아요

조선의 통치 제도

태조 이성계가 조선을 세울 무렵, 나라 밖은 매우 어수선했어요. 중국에서는 명나라가 원나라를 몰아내고 힘을 떨치고 있었어요. 그리고 명나라와 조선 사이에 위치한 여진도 때때로 국경을 넘어와 식량을 빼앗고 사람을 죽이는 등 골칫거리였어요. 게다가 남해안에서는 왜구(일본 해적)들이 조선 백성들을 괴롭혔지요. 조선 땅에서 언제 전쟁이 터질지 몰라 잠시도 마음을 놓을 수 없었어요.

"전하! 언제라도 전쟁이 일어날 수 있는 상황이옵니다."

"그렇지 않아도 고민이오. 어떻게 해야겠소?"

"명나라나 왜, 여진과 싸우기보다 관계를 돈독히 해서 전쟁을 피하는 것이 좋을 듯싶습니다."

"그러하옵니다, 전하! 아직 나라의 기틀이 갖추어지지 않은 상태에서 전쟁이 일어나면 백성들은 큰 고통에 빠질 것이옵니다."

"좋소! 그럼 명나라처럼 큰 나라는 받들어 섬기고〔사대 事大〕, 왜나 여진과는 친하게 지내며〔교린 交隣〕 싸움을 피합시다."

조선의 이런 외교 정책을 '사대교린'이라고 해요.

조선은 사대교린으로 이웃 나라와 좋은 관계를 맺기 위해 발 빠르게 움직였어요. 그러나 나라 안의 정치 제도와 조직은 빠르게 세우지 못했어요. 왕은 지방 관리가 어떻게 일하는지 잘 알지 못했고, 왕의 명령은 지방에 제대로 전달되지 못했어요.

그래서 조선의 세 번째 왕인 태종은 국가의 기틀을 다시 세우고, 왕권을 강화하기 위해 행정 조직을 바꾸었어요.

가장 먼저 중앙 정치 조직인 의정부와 6조를 새로 만들었어요. 그리고 전국을 8개 도로 나누어 각 도에 관리를 보내어 중앙과 지방을 하나로 묶었지요. 이렇게 해서 조선 초기에 정비된 중앙 집권 체제는 지방 세력의 힘을 약화시키고, 나라의 기틀을 다지는 기반이 되었어요.

나랏말싸미 듕귁에 달아 문자와로 서르 사맛디 아니할쎄

훈민정음

1418년, 세종 대왕은 신하들에게 조선의 유교 정신을 모든 백성들에게 널리 알리라고 명령했어요. 신하들은 유교 정신을 담은 책을 만들어 각 지방에 전달하였어요. 각 지방 관청에서는 그 책을 읽으라는 내용의 벽보를 붙였어요. 하지만 대부분의 백성들은 그 벽보에 써 있는 내용이 무엇인지조차 알지 못했어요.

"이보게, 저 벽보에 뭐라고 써 있는 건가?"

"에이, 까막눈인 내가 어떻게 알겠어?"

당시 백성들은 글을 쓰고 읽을 줄 몰랐던 거예요. 그래서 왕은 백성들에게 자신의 뜻을 알리기가 쉽지 않았지요. 세종 대왕은 누구나 쉽고 편하게 사용할 수 있는 새로운 글자가 필요하다고 여겼지요.

"우리는 오랫동안 중국의 글자인 한자를 써 왔소. 하지만 중국말과 조선말은 엄연히 다르오. 그래서 내가 우리만의 글자를 만들려고 하오."

"전하, 저희가 새로운 글자를 만드는 데 앞장서겠습니다."

집현전 학자들 중에는 세종 대왕의 의견을 따르는 사람들이 많았어요. 하지만 대부분의 신하들은 새로운 글자를 만드는 것에 반대했어요. 새로운 글자를 만들어 사용하면 중국으로부터 미움을 살 수 있다고 생각했기 때문이에요. 또한 조선 시대 양반들은 일반 백성들이 글자를 배워 지식을 얻게 되면, 자신들의 힘이 약해질까 봐 두려워했어요.

하지만 수많은 사람들의 반대에도 불구하고 세종 대왕은 끝까지 훈민정음 창제에 노력을 기울였어요. 1446년에 훈민정음을 만들어 전국 방방곡곡에 널리 알렸어요. 그 뒤, 조선의 왕들은 나라의 정책을 일반 백성들에게 알릴 때 훈민정음을 사용했어요. 그리고 양반집 여성이나 궁녀들은 훈민정음으로 편지나 일기를 썼고, 일반 백성들도 훈민정음으로 자신의 생각을 나타내기 시작했어요.

전하의 모든 것을 적어야 하옵니다

조선왕조실록

　조선 시대에는 왕의 모든 행동과 말을 기록하는 신하가 있었어요. 이런 업무를 하는 신하를 사관이라고 하고, 사관은 사초에 기록을 했어요. 사초는 실록의 맨 처음 원고와 같은 것이에요. 사관들이 쓴 사초를 여러 번 정리한 뒤에 실록에 기록하지요.

　태종은 이런 사관들 때문에 하고 싶은 일을 마음껏 하지 못했어요. 그래서 한번은 태종이 꾀를 내었어요.

　"오늘부터는 정사(나랏일)를 편전(임금이 평상시에 머무는 궁전)에서 볼 테니 사관은 절대 못 들어오게 하라."

이 소식을 전해 들은 사관 민인생은 발을 동동 굴렸어요.

다음 날 아침, 민인생은 편전에 몰래 들어가 병풍 뒤로 몸을 숨겼어요. 태종과 신하들이 편전으로 들어와 대화를 나누기 시작하자 민인생은 얼른 그들의 대화를 사초에 적었어요. 그러다 그만 실수로 병풍을 툭, 건드리고 말았지요.

"병풍 뒤에 숨어 있는 게 누구냐?"

태종이 병풍을 확 걷어 젖히자 민인생이 머리를 조아렸어요.

"전하, 사관은 어떤 상황에서도 전하의 말과 행동을 기록해야 합니다."

화가 난 태종은 민인생에게 벌을 내려 멀리 다른 곳으로 보냈어요.

사관들은 하루 종일 왕을 쫓아다니며 왕이 혼자 하는 말, 신하들과 주고받는 대화, 왕의 표정과 억양, 심지어 왕이 먹은 밥의 양이나 화장실을 간 횟수까지 자세히 기록했어요. 게다가 아무리 왕이라고 해도 사관들이 기록한 사초는 볼 수 없었어요. 왕이 보게 되면 숨기고 꺼리는 게 많아져서 올바르게 기록할 수 없기 때문이지요. 이 때문에 왕은 역사를 의식하고 올바르게 정치를 하려고 노력했어요.

이렇게 자신의 책임을 다하고 곧은 자세를 가진 사관들 덕분에 《조선왕조실록》 같은 위대한 역사책이 탄생할 수 있었던 것이지요.

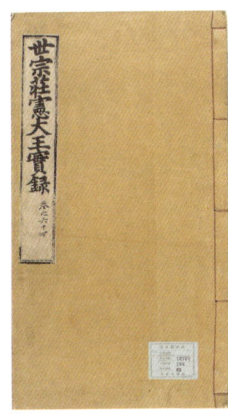

조선왕조실록
《조선왕조실록》은 사관들이 기록한 〈사초〉와 승정원에서 기록한 《승정원일기》를 바탕으로 만들어졌어요. 《조선왕조실록》은 태조에서부터 철종 때까지 25대 472년간(1392-1863)의 역사를 일어난 순서대로 적은 역사책으로 총 2,077책으로 구성되어 있어요.

세조는 왜 단종을 왕위에서 쫓아냈나요?

계유정난

조선의 제5대 왕이 된 문종은 몸이 약했어요. 하루는 문종이 성삼문, 박팽년, 김종서, 황보인 등의 신하들을 불렀어요.

"내가 몸이 아파 오래 살지 못할 거 같구나. 내가 죽거든 내 아들을 잘 보살펴 줄 수 있겠는가?"

"전하, 목숨을 바쳐 모시겠습니다."

문종은 왕위에 오른 지 겨우 2년 4개월 만에 병으로 죽었어요. 그 뒤를 이어 열두 살밖에 안 된 단종이 왕위에 올랐어요. 이때 문종의 부탁을 받은 신하들이 단종을 잘 도와주었어요. 어린 단종은 황보인과 김종서 등에게 나랏일을 거의 맡겼어요.

그러자 세종 대왕의 둘째 아들이자 단종의 삼촌인 수양 대군이 이 모습을 보고 크게 화를 냈어요.

"아니, 언제부터 이 나라를 신하들이 다스렸단 말인가? 왕이 어려 신하들에게 휘둘리고 있으니, 내가 나서서 이를 바로잡아야겠구나."

1453년 10월, 수양 대군은 부하들을 이끌고 가서 김종서와 황보인 등을 죽였어요. 이 사건을 '계유정난'이라고 해요. 계유년에 나라가 위기에 처했다는 뜻이지요. 수양 대군은 자신에게 반대하는 사람은 무조건 죽였어요. 언제 목숨을 잃을지 모르는 상황에 처한 단종은 1455년 봄에 왕위를 수양 대군에게 넘기고 물러났어요. 그가 바로 세조예요.

그러자 성삼문, 박팽년 등 집현전 학자들은 단종을 다시 왕으로 모시기 위해 계획을 세웠어요. 그러나 계획은 실패로 돌아갔어요. 세조는 단종을 다시 왕으로 세우고자 했던 70여 명을 무참히 죽였어요. 반면에 세조는 한명회, 정인지, 신숙주 등 자신을 따르는 신하들에게는 많은 땅을 나눠 주고, 세금도 면제해 주었어요.

세조는 왕이 되고 나서 다른 나라의 침략을 막기 위해 군사력을 키우는 데 힘썼어요. 그리고 백성의 재물을 빼앗는 탐관오리를 신고할 수 있는 제도도 만들어 백성들이 평안하게 살 수 있게 노력했어요. 무엇보다 왕권을 강화하기 위해 애썼어요. 그러나 단종을 몰아낸 뒤, 많은 사람들을 죽이고 왕이 되었다는 비판을 피할 수 없었어요.

나라의 질서를 바로잡아요

경국대전

 가난한 양반인 김 씨는 형편이 어려워 노비를 더 이상 데리고 있을 수 없었어요. 한 상인이 김 씨에게 돈을 주고 그 노비를 샀어요. 그러자 포졸이 그 상인을 잡아 사또에게 데려갔어요.
 "제가 뭘 잘못했습니까?"
 "노비를 사고팔 때는 관청에 먼저 알려야 한다. 그러지 않고 노비를 사는 건 죄야. 이를 어겼으니까 벌금 열 냥을 내야 한다."
 "아니, 벌금 열 냥을 물어야 한다는 얘기는 들어 본 적이 없는뎁쇼. 벌금을 다섯 냥만 내면 안 되겠습니까?"

상인이 돈이 없다며 끝까지 버티자 사또도 더 이상 어쩌지 못하고 벌금을 다섯 냥만 받았어요. 반드시 벌금 열 냥을 내야 한다고 정해 놓은 법이 없었거든요.

세조가 왕위에 오른 뒤에도 이와 비슷한 일이 자주 일어났어요. 물론 그때 《경제육전》이라는 법전이 있었어요. 하지만 법 조항이 명확하지 않았을뿐더러, 백성의 생활과 밀접한 법이 거의 없었어요. 그동안에는 예부터 전해 오는 관습에 따라 많은 일을 처리했어요. 그래서 세조는 좀 더 명확하고 정리가 잘 된 법전이 필요하다고 생각하여 《경국대전》을 만들도록 했어요.

하지만 새 법전의 편찬은 생각보다 오래 걸렸어요. 《경국대전》은 세조 때 만들기 시작해서 30년 뒤인 성종 때에야 완성되었어요.

《경국대전》은 우리나라 최초의 성문 법전(문자로 적어 나타낸 법)이에요. 《경국대전》이 만들어짐으로써 법에 바탕을 두고 백성을 다스릴 수 있었어요. 또한 왕이라도 정해진 법에 바탕을 두지 않고는 나랏일을 마음대로 할 수 없게 되었어요.

《경국대전》은 요즘으로 치면 헌법, 민법, 형법, 가족법 등을 모두 아우르는 종합 법전이에요. 그래서 《경국대전》만 잘 보면 조선이 어떻게 나라와 백성을 다스렸는지 자세히 알 수 있지요. 이후, 《경국대전》은 1894년 갑오개혁으로 폐지될 때까지 무려 400년 동안 조선 통치의 기본 바탕이 되었어요.

일하고 공부하느라 너무 바빠요

왕의 하루

"전하, 일어나실 시간이옵니다."

"……."

"전하, 어서 해가 뜨기 전에 옷차림을 단정하게 하시고 웃어른인 대비 마마와 왕대비 마마에게 문안 인사를 드려야 하옵니다."

신하가 재촉하자 왕은 자리에서 일어나 웃어른께 문안 인사를 드리고, 해 뜰 무렵에는 경연(신하들과 학문·정치를 토론하는 자리)에 참석했어요.

"전하, 덕으로 백성을 다스려야 한다는 맹자의 가르침을 잊지 마소서."

"알겠소. 내 경들의 말을 잘 새겨들겠소."

왕은 경연이 끝나면 근정전으로 나가 조회(6품 이상의 벼슬아치들이 모여 왕에게 나랏일을 아뢰는 일)를 주관했어요. 조회가 끝나면 신하들로부터 각 부서의 일을 보고받았어요.

"전하, 이제 며칠 뒤면 명나라에서 사신이 도착한다고 합니다. 사신을 맞을 준비를 철저하게 해야 합니다."

업무 보고를 받다 보면 어느새 낮 12시가 가까워지지요. 그러면 얼른 점심 식사를 마치고, 주강(낮에 신하들과 공부하고 토론하는 자리)에 나가요.

그리고 나서 왕은 전국 각지에서 백성들이 보낸 글을 읽고 거기에 맞는 지시를 내려야 했어요. 또 지방으로 내려가는 신하에게 새 일을 맡기거나, 지방에서 올라오는 신하로부터 그곳에 사는 백성들의 소식을 들었어요. 이런 일을 하다 보면 오후 시간도 금방 지나가지요.

오후 3~5시 사이에는 그날 밤 궁궐을 지킬 군사들과 신하들의 명단을 확인했어요. 그리고 매일 새로운 암호를 정해 주었어요.

저녁을 먹기 전에는 석강(저녁 공부)이 열려요. 그리고 낮에 다 하지 못했던 일을 하거나, 중요한 일이 있을 때는 재상이나 판서 들을 불러 따로 회의를 열었어요. 그러다 보면 밤 10시를 훌쩍 넘기곤 했지요.

조선의 왕들은 하루에 보통 15시간 이상 일하고, 5시간 정도 잤다고 해요. 공부와 업무 처리 등으로 늘 바쁘게 생활했지요. 왕들의 이러한 노력이 있었기에 조선 왕조는 500년의 역사를 이어 올 수 있었던 게 아닐까요?

조선 시대 사람들은 어떻게 공부했을까?

조선의 교육 기관

공부가 끝나자 훈장님이 맛있는 음식을 내오셨어요.

"자, 오늘은 접장(반장)인 성철이가 〈사서삼경〉을 다 떼었으니 책거리를 하자꾸나."

조선 시대에는 책 한 권을 끝내면 그 책을 마친 학생이 집에서 정성껏 음식을 준비해서 훈장님과 학동들에게 한턱을 냈어요. 이를 책거리라고 해요.

훈장님이 성철이의 어깨를 가볍게 두드리며 말씀하셨어요.

"성철아, 벌써 네가 서당을 졸업하고, 향교에 가는구나. 향교에 가서도 열심히 공부하렴."

"네, 훈장님. 향교에서도 공부 열심히 해서 꼭 성균관에 입학하겠습니다."

"암, 그래야지."

서당은 7~15세 아이들이 공부하는 곳으로 요즘의 초등학교와 비슷해요. 《천자문》과 《동몽선습》을 익히고, 《대학》, 《논어》, 《시경》 등을 일컫는 〈사서삼경〉으로 유학의 기초 학문을 배웠어요.

서당에서 기초를 닦은 아이들은 서원이나 향교에 입학해서 좀 더 깊은 공부를 했어요. 서원과 향교는 요즘의 중·고등학교예요. 서원은 개인이 운영하고, 향교는 나라에서 운영하는 차이가 있어요. 일단 향교에 입학하면 군대에 가지 않아도 되었고, 과거 시험을 볼 수 있었어요. 향교가 과거 시험을 대비하기 위해 공부하는 곳이었다면, 서원은 학문을 통해 예의범절을 배우고, 몸과 마음을 바로 닦는 데 더 힘을 쏟았어요.

향교에서도 성적이 뛰어나면 가장 높은 교육 기관인 성균관에 들어갈 수 있었지요. 성균관의 입학 절차는 매우 까다로웠어요. 〈사서오경〉 내용으로 시험을 보는 과거에 합격해야 했고, 반드시 입학시험에 통과해야 했어요. 일단 성균관 유생이 되면 음식과 학용품 등 필요한 모든 물건은 나라에서 지원했어요. 성균관 유생들은 오직 과거 급제라는 목표를 이루기 위해 공부에만 전념했어요.

선비들의 욕심이 화를 만들었어요

사화

연산군이 나라를 다스리던 때, 조정에는 훈구파와 사림파라는 두 무리가 있었어요. 훈구파는 세조가 왕이 되는 데 공을 세운 신하들로 많은 재물과 권력을 가지고 있었어요. 반면에 사림파는 왕과 관리의 잘못을 비판하는 일을 하는 사간원이나 사헌부에서 일하면서 훈구파의 잘못을 꼬집었어요. 연산군과 훈구파는 바른 말을 잘하는 사림파를 늘 못마땅히게 여겼어요.

1498년 어느 날, 훈구파 유자광이 연산군을 찾아갔어요.

"전하, 세조 대왕이 누구입니까? 전하의 증조할아버지가 아닙니까? 그런데 김종직이 세조 대왕을 비판하는 글을 적은 적이 있다고 합니다."

"김종직은 이미 죽은 자가 아니냐? 도대체 어떤 글을 남겼단 말이냐?

"〈조의제문〉이라 하온데, 세조 대왕께서 단종을 몰아내고 왕에 올랐다고 비난하는 내용입니다. 이는 세조 대왕을 뒤이은 선왕과 전하까지 욕하는 것 아니겠습니까?"

"뭣이라? 이 일과 관련된 자들을 모두 잡아들이고, 엄벌에 처하라!"

크게 화난 연산군은 김종직과 관련된 사림파들을 잡아들여 목을 베었어요. 하지만 이때 김종직은 이미 죽고 없었어요. 그러자 연산군은 '부관참시'를 명했어요. 부관참시는 무덤에서 시체를 꺼내어 목을 베는 것을 말해요. 이 사건은 1498년 무오년에 일어났기 때문에 '무오사화'라고 해요.

'사화'는 '선비들이 화를 입었다.'라는 뜻이에요. 연산군 때 처음 일어난 사화는 이후 명종 때까지 연거푸 일어났어요. '갑자사화', '기묘사화', '을사사화'가 바로 그것이지요. 사화가 일어날 때마다 수많은 사림파들이 죽거나 멀리 다른 곳으로 보내졌어요. 네 번의 사화는 대부분 훈구파들이 자신들과 뜻이 다른 사림파를 몰아내기 위해 일으킨 것이나 다름없어요.

하지만 사림파는 그대로 사라지지 않았어요. 사화에서 살아남은 사림들은 지방으로 내려가 서원을 중심으로 제자들을 키우며 때를 기다렸어요. 그러다 선조 때부터 다시 조정에 등장했고, 그 뒤 조선의 정치는 사림파가 주도했답니다.

가난한 백성을 더욱 못살게 굴어요

방납과 환곡의 폐단

어느 해 큰 흉년이 들어 감자 농사가 잘 안되었어요. 그러자 만수는 정선에서 입김이 가장 센 상인 변 씨를 찾아갔어요.

"나리, 저 좀 도와주십시오."

"무슨 일인데 그러나?"

"올해는 흉년이 들어 나라에 바칠 만큼 감자를 캐지 못했습니다."

요즘은 세금을 돈으로 내지만 16세기 조선에서는 지방의 특산물을 세금으로 내야 했어요. 이것을 '공납'이라고 해요. 강원도 정선 사람들은 감자를 공납으로 냈었지요.

"그래? 그럼 내가 다른 지역에서 감자를 사 와서 대신 내줄까?"

"네, 나리께서 그렇게만 해 주신다면 정말 고맙겠……."

"대신 보상은 충분히 해 주어야 하네."

"예? 공납을 내는 것만으로 버거운뎁쇼."

"싫으면 자네가 직접 다른 지방에서 감자를 사다가 관청에 바치든가."

"아닙니다요. 대신 해 주십시오."

변 씨처럼 공납을 내주고 그 대가를 받아 챙기는 것을 '방납'이라고 했어요. 방납인들은 관리와 미리 짜고 부정을 저지르는 경우가 많았어요. 만약 마을 사람들이 더 싼 가격에 공물을 구해서 바치면, 방납인들과 짠 관리들은 물건의 질이 나쁘다며 온갖 꼬투리를 잡아 되돌려 보냈어요. 결국 마을 사람들은 울며 겨자 먹기로 방납인들에게 공납을 부탁할 수밖에 없었지요.

방납과 함께 16세기 농민들을 괴롭힌 건 환곡이었어요. 환곡은 나라에서 곡식이 모자란 농민을 위해 봄에 곡식을 빌려 주고 가을에 갚게 하는 제도예요. 그런데 빌려 주는 곡식의 10퍼센트를 이자로 받아 갔어요. 게다가 모래와 겨를 섞어서 빌려 주기도 하고, 강제로 빌리게 하는 경우도 있었어요. 가난한 백성을 도와주기 위해 만들어진 제도가 도리어 백성들의 생활을 더욱 어렵게 만들었지요. 임진왜란이 끝난 뒤 환곡의 부작용은 더욱 심해졌어요.

결국 농민들은 눈덩이처럼 쌓이는 공납, 방납과 환곡의 부담을 견디지 못해, 땅을 팔거나 아예 도망치는 경우가 많았어요.

내 편, 네 편 나누어 경쟁해요

당쟁

　16세기, 사림파는 드디어 훈구파를 몰아내고 권력을 잡았어요. 하지만 같은 사림파끼리도 사이가 좋지 않았어요. 사림파들은 학문과 정치에 있어서 서로 뜻이 맞는 사람끼리 여러 당을 이루었어요.

　그러던 어느 날, 선조 임금이 신하들에게 이조 전랑 자리를 누가 맡으면 좋을지 추천해 달라고 했어요. 이조 전랑은 조정 신하들의 벼슬자리를 결정하는 중요한 직책이었어요. 이때 김효원이 후보로 올랐어요. 그러자 심의겸이 반대를 하고 나섰어요.

"아니 되옵니다. 김효원은 권력 있는 자에 기대어 기회만 노리는 자입니다."

심의겸의 반대로 김효원은 이조 전랑이 되지 못했지만, 2년 뒤 1574년에 이조 전랑의 자리에 올랐어요. 김효원은 자신을 반대한 심의겸을 괘씸히 여겨 언젠가 복수를 하겠다고 마음먹었지요.

다음 해, 김효원이 이조 전랑 자리에 물러날 때쯤 자신의 뒤를 이을 사람이 필요했어요. 그런데 하필이면 심의겸의 동생인 심충겸이 이조 전랑의 후보로 오른 거예요.

"심의겸, 심충겸 형제는 외척입니다. 외척이 조정의 일에 끼어드는 것은 옳지 않습니다."

심의겸이 김효원을 반대했듯이 김효원도 심의겸의 동생을 반대했어요. 이렇게 이조 전랑 자리를 시작으로 김효원과 심의겸은 작은 일에서도 부딪쳤어요. 그러자 조정 신하들도 김효원을 편드는 무리와 심의겸을 편드는 무리로 나뉘어졌어요.

이때 김효원의 집은 도성 동쪽에 있었기 때문에 김효원과 뜻을 같이하는 무리들을 '동인', 심의겸의 집은 도성 서쪽에 있었기 때문에 심의겸과 뜻을 같이하는 무리들은 '서인'이라고 불렀어요.

이처럼 당을 이루어 싸우는 당쟁이 일어나게 된 근본 원인은 관직을 주로 추천제로 뽑았기 때문이에요. 조정 신하들의 벼슬을 결정하는 이조 전랑 자리에 동인 사람이 앉으면 동인에서 많은 관리가 나왔고, 서인 사람이 앉으면 서인에서 많은 관리가 나왔지요. 이런 식으로 관직을 임명했기 때문에 너도나도 각 당파에 속해 자신들의 주장을 내세우며 다른 당파와 경쟁을 했던 거예요.

도요토미 히데요시는 왜 조선을 침략했나요?

임진왜란

1590년, 도요토미 히데요시는 일본을 통일한 뒤, 신하를 불러 고민을 털어 놓았어요.

"많은 무사들이 일본 통일에 공을 세웠소. 그런데 그들에게 나눠 줄 땅이 모자라니 이를 어쩌면 좋겠소? 게다가 나를 반대하는 사람들이 아직 너무 많고……."

"전쟁을 일으켜 반대하는 사람들을 모두 밖으로 내보내면 어떻겠습니까? 명나라를 이긴 뒤에 땅을 나눠 준다고 하면 모두 따라나설 것입니다."

"그거 좋은 생각이오."

이때부터 도요토미 히데요시는 전쟁을 준비했어요.

"군사들을 실어 나를 배를 만들고, 군사들을 조총으로 무장시켜라!"

그리고 그다음 해, 도요토미 히데요시는 조선에 편지를 보냈어요.

"명을 치러 갈 테니 조선은 길을 비켜 주시오."

하지만 조선은 도요토미 히데요시의 말을 거절했어요. 도요토미 히데요시가 조선을 침략할 수도 있다고 생각했지만, 백성들이 불안해할까 봐 전쟁 준비를 서두르지 않았어요. 당시 조선의 벼슬아치들은 동인과 서인으로 나뉘어 사사건건 의견 대립을 했어요. 전쟁을 대비하는 일에 있어서도 의견을 하나로 모으지 못하였어요. 결국 1592년 4월 13일, 700여 척의 일본 배가 부산 앞바다로 밀고 들어와 임진왜란이 일어났어요.

신식 무기로 무장한 일본군 앞에 조선군은 상대가 되지 않았어요. 일본군은 겨우 18일 만에 수도 한양에 도착했어요. 이 소식을 들은 선조는 부랴부랴 짐을 싸서 평양과 의주로 도망쳤지요. 왕을 비롯한 관리들도 자기 살길을 찾아 도망치기 바빴지요. 전쟁에 미리 대비하지 못했던 조선은 임진왜란 초기에 일본군에게 대책 없이 당할 수밖에 없었어요.

이와 같은 위기 속에서도 이순신 장군의 수군과 의병의 활약으로 나라를 지킬 수 있었어요. 그러나 7년간의 전쟁으로 수많은 문화재가 파괴되었고, 많은 사람들이 죽었어요. 반면에 일본은 우리 문화재를 약탈해 갔고, 조선의 도자기 기술자와 활자 인쇄공을 끌고 가 일본 문화를 발전시키는 데 기틀을 마련했어요.

거북선과 학익진으로 일본군을 무찔렀어요

이순신

임진왜란이 일어나기 1년 전, 전라도 좌수사로 임명된 이순신은 일본의 움직임을 주의 깊게 살폈어요.

"일본군의 움직임이 심상치 않다. 전쟁을 대비해 대포와 거북선을 만들라."

1년 후, 임진왜란이 일어나자 이순신은 거북선을 앞세워 일본군과 많은 전투를 벌였어요. 그 가운데 1592년 7월 8일 한산도 대첩의 승리는 연이은 패배로 실의에 빠져 있던 조선군에게 큰 힘이 되었어요. 이순신은 한산도 지역의 특징을 잘 알고 있었기 때문에 치밀한 작전을 세울 수 있었어요.

"통영과 거제 사이에 있는 견내량 해협은 폭이 좁아 큰 배로 싸우기에는 적합하지 않다. 넓은 한산도 앞바다로 적을 꾀어내라."

조선의 배들이 도망치자 일본군은 이겼다고 생각하며 한산도 앞바다를 향해 몰려왔어요.

"이때다! 배의 방향을 돌려 학익진을 펼쳐라!"

학익진은 학이 양쪽으로 날개를 펼치듯 적의 배들을 감싸서 싸우는 전술이에요. 조선의 배들은 반달 모양으로 자리를 잡아 일본 배들을 에워쌌어요. 조선 수군은 일제히 적을 향해 불화살과 화포를 퍼부었어요. 이 전투에서 조선 수군은 일본 함대 59척과 일본군 3,000여 명을 무찔렀어요. 반면에 조선 수군의 배는 단 한 척도 파괴되지 않았지요. 이 해전이 바로 세계 3대 해전 가운데 하나로 꼽히는 한산도 대첩이에요.

이순신은 이 외에도 노량 해전, 명량 해전 등 많은 전투에서 승리를 거두었어요. 이순신이 이끄는 조선 수군의 활약으로 일본군은 식량과 각종 필수품을 운반하는 길이 끊겼어요. 그러자 육지에서 싸우던 일본군은 식량과 전쟁 물품을 받지 못해 큰 피해를 받았어요. 반면에 조선은 이순신의 활약으로 전라도 곡창 지대를 지켜 군사 식량을 제때에 공급받을 수 있었고, 관군은 다시 싸울 준비를 할 수 있었어요. 이로 인해 조선군은 패배로 기울던 임진왜란의 전쟁 상황을 뒤집을 수 있었답니다.

인조가 청나라 태종에게 머리를 조아렸어요

삼전도의 굴욕

1637년 1월 30일, 조선의 제16대 왕 인조는 한강의 동편에 있는 삼전도(현재 서울시 송파구)로 향했어요. 삼전도에는 청나라 태종이 의기양양하게 앉아 있었어요.

인조는 태종 앞에 무릎을 꿇고 고개를 숙였어요.

"조, 조선은 청나라…… 신하의 나라가 되겠습니다."

"진작 그럴 것이지. 하하하!"

인조는 태종을 향해 세 번 엎드려 절하고, 한 번 절할 때마다 이마를 땅바닥에 세 번씩 댔어요. 이것은 중국에서 신하가 황제를 만날 때 예를 갖추며 하는 인사법으로 '삼배구고두'예요. 조선의 왕이 청나라의 황제에게 삼배구고두를 한 이 부끄러운 일을 '삼전도의 굴욕'이라고 해요.

어쩌다 이런 일이 일어났을까요? 17세기 초, 명나라와 청나라는 중국 대륙에서 서로 팽팽하게 맞서고 있었어요. '고래 싸움에 새우 등 터진다.'라는 말이 있지요? 이때 조선의 입장이 바로 그랬어요. 명나라는 조선에 병사를 보내 달라고 했어요. 그런데 청나라는 조선에게 명나라에 협조하면 가만두지 않겠다고 했지요.

인조는 결국 명나라 편에 섰어요. 화가 난 청나라는 1627년 1월 조선을 공격했어요. 이 전쟁이 '정묘호란'이에요. 청나라는 조선에게 형제의 나라가 된다면 공격을 멈추겠다고 제안했어요. 인조는 청나라의 제안을 받아들였고, 청나라는 군대를 물렸어요.

그러나 조선은 오랫동안 사대 관계를 유지해 온 명나라를 저버릴 수 없었어요. 그래서 약속을 어기고, 청나라를 형제의 나라가 아닌 싸워서 이겨야 할 나라로 여겼어요. 청나라는 1636년에 한 번 더 조선을 쳐들어왔어요. 이를 '병자호란'이라고 해요.

이때 인조는 남한산성으로 피했어요. 남한산성에서 45일간 청나라 군대에게 포위당했고, 추위와 굶주림에 모든 사람들이 고통스러워했어요. 결국 항복하고 청나라 태종 앞에서 머리를 조아린 거예요. 조선이 이토록 부끄러운 항복을 하게 된 건 실리를 챙기지 못하고 명분만 앞세운 외교 정책 때문이었어요.

청나라에게 당한 수모를 돌려주겠다

북벌 정책

정묘호란과 병자호란이 끝난 뒤, 인조의 두 아들 소현 세자와 봉림 대군은 청나라에 인질로 끌려갔어요. 8년 동안 청나라에서 갖은 고생을 겪다가 인조의 첫째 아들인 소현 세자가 먼저 조선으로 돌아왔어요. 그런데 갑자기 소현 세자가 목숨을 잃자 동생 봉림 대군도 조선으로 돌아왔어요. 그리고 인조의 뒤를 이어 1649년에 왕위에 올라 효종이 되었어요.

효종은 매일 청나라에 대한 복수를 다짐했어요.

"선왕(인조)의 삼배구고두는 결코 씻을 수 없는 부끄러운 일이다. 반드시 청나라를 쳐서 부끄러움을 씻고 말겠노라."

이때부터 효종은 청나라에 맞서려면 군사력을 키워야 한다고 생각했어요. 하지만 많은 신하들이 효종의 생각에 반대했어요.

"전하, 중국 대륙을 호령하고 있는 청나라와 전쟁을 하는 건 너무 위험합니다. 오히려 청나라의 발달된 문물을 받아들이고, 청나라와 사이좋게 지내야 합니다. 그리고 전쟁을 하려면 세금을 많이 거둬들여야 하는데, 이는 백성들에게 큰 짐이 될 것입니다."

이렇게 청나라의 문물을 받아들여야 한다는 주장을 '북학론'이라고 하고, 북학론을 주장한 학자들을 가리켜 '북학파'라고 해요.

"듣기 싫다. 그렇게는 절대 못 한다. 나는 청나라에 인질로 끌려가 온갖 수모를 당했다. 반드시 청나라를 쳐서 내가 받은 수모를 갚겠노라."

효종은 북학파를 몰아내고 북벌 정책을 추진했어요. '북벌 정책'이란 청을 정벌하여 문화가 높은 조선이 문화가 낮은 오랑캐에게 당한 수치를 씻고, 명나라에 대한 의리를 지키자는 주장이에요.

효종은 군사력을 키우기 위해 어영청을 중심으로 새롭게 군대를 만들고, 이완 대장에게 군사 훈련을 맡겨 600여 명이던 군사를 1,000여 명으로 키웠어요. 또 남한산성과 한성 외곽의 수비를 튼튼히 했고, 표류해 온 네덜란드 인 하멜을 훈련도감에 소속시켜 조총과 화포, 화약 등의 신무기를 만들게 했어요. 그러나 결국 북벌 정책은 효종의 갑작스러운 죽음으로 불과 10년 만에 흐지부지되고 말았어요.

화폐를 쓰기 시작했어요

상평통보

화폐가 없던 시절에는 필요한 물건을 얻기 위해 사람들끼리 물물 교환을 했어요. 그러다 조선 후기에 쌀이나 비단으로 물건을 거래하기 시작했어요. 하지만 그것도 불편한 점이 많았어요.

"쌀은 부피가 너무 커서 보관하기가 힘들어. 큰 거래가 있을 때는 쌀을 수레에 싣고 다녀야 하니까 더 힘들지."

"비단은 오래 거래를 하면 너덜너덜해져."

"내 생각에는 쌀과 비단의 가치가 일정하지 않은 게 가장 큰 문제야. 흉년이 들면 쌀값이 올라가고, 다른 물건 값도 덩달아 올라가잖아."

이런 상황에서 1678년 숙종이 왕위에 있을 때 영의정 허적 등이 좋은 의견을 냈어요.

"전하, 하루빨리 동전을 만들어 시장에서 사용할 수 있게 해야 합니다. 동전으로 관리들에게 월급을 지급하면 어려운 국가 살림에도 숨통이 트이고, 백성들의 불편을 덜어 줄 수 있습니다."

숙종은 허적의 주장을 받아들여 상평통보를 만들어 널리 사용하도록 했어요. 상평통보는 조선 인조 때 처음 만들어졌는데, 잘 쓰이지 않아 사라졌어요. 그러다 숙종 때부터 다시 활발히 사용하기 시작했지요.

조선 시대 이전에도 동전은 있었어요. 고려 성종 때는 건원중보를 만들었고, 고려 숙종 때는 삼한통보, 해동통보, 해동중보와 활구(은병)라는 화폐를 만들었지요. 그러나 이 화폐들은 널리 사용되지 못했어요.

상평통보는 전국에서 사용된 최초의 동전이에요. 상평통보가 처음 나왔을 때, 백성들은 조그만 동전으로 쌀이나 옷을 살 수 있다는 사실이 믿기지 않아 사용하는 것을 꺼렸어요. 그래서 나라에서는 세금이나 벌금을 상평통보로 받았어요. 그러자 18세기 후반부터 백성들은 상평통보를 믿고 널리 사용하기 시작했어요. 조선 고종 때 근대 화폐가 만들어지기 전까지 약 200년 동안 사용된 대표적인 동전이지요.

상평통보
조선 시대에 만들어져 전국에서 사용된 최초의 동전이에요. 장사와 상업이 발달하면서 화폐의 유통이 늘어났어요.

인재를 골고루 등용해요

영조의 탕평책

 1720년, 경종이 왕위에 오른 지 얼마 되지 않았을 때예요. 조정의 신하들이 동인과 서인으로 나뉘어 서로 부딪치는 것도 여전했어요. 동인은 힘을 거의 잃었고, 서인은 세력이 커졌어요. 서인은 자기들끼리 또 편을 갈라 소론과 노론으로 나뉘었어요. 노론은 경종의 이복동생이자 자신들이 지지하는 연잉군을 왕으로 삼고 싶었어요.

 "전하, 전하께서는 몸이 약하시니 얼른 연잉군을 왕세자로 삼으시옵소서."

 그러자 경종을 지지하는 소론은 벌 떼처럼 들고일어났어요.

"전하께서 아직 건강하신데, 그게 무슨 소리요?"

당시 조정에서는 매일 싸움이 벌어지고 있었어요. 그런 상황에서 연잉군은 경종의 뒤를 이어 조선 제21대 왕 영조가 되었어요. 영조는 왕이 되면서 반드시 당파 싸움을 뿌리 뽑아 왕권을 세워야겠다고 다짐했어요.

영조는 왕이 되자마자 탕평책을 펼쳤어요. 탕평책은 당파 싸움을 없애는 정책이란 뜻으로 어느 당파에 쏠리지 않고 공정하게 정치를 하겠다는 영조의 굳은 결심이 담겨 있어요.

영조가 탕평책을 시작한 뒤로 노론, 소론, 남인, 북인 등 당파와 관계없이 인재를 고르게 뽑아 썼어요. 그리고 노론, 소론, 남인, 북인 같은 당파 이름을 아예 사용하지 못하게 했어요. 게다가 성균관 내에 탕평비를 세워 유생들이 각 당파의 의견을 앞세우는 것을 금지시켰어요. 당파의 소굴이었던 서원도 많이 없앴어요.

탕평책의 실시로 20년 동안 조정은 매우 안정적으로 운영되었어요. 당쟁을 완전히 뿌리 뽑지는 못했지만 각 당파가 헐뜯고 싸우는 일이 줄어들자 자연히 왕권도 강화되었지요.

탕평비
1742년 영조가 자신의 탕평책을 널리 알리기 위해서 탕평비를 세웠어요.

정조는 정치와 문화를 발전시켰어요

수원 화성

1795년에 1,800여 명의 거대한 행렬이 한양 길을 떠났어요. 영조를 뒤이어 조선의 왕이 된 정조가 수원 화성으로 행차하는 날이었지요. 그런데 다음 날 점심 무렵에 비가 세차게 내리기 시작했어요.

"전하, 비가 너무 많이 옵니다. 하룻밤 이 근처에서 묵으시는 게 좋을 것 같습니다."

"아니다. 빨리 수원 화성을 보고 싶구나. 서둘러라."

정조의 재촉으로 빗속을 뚫고 그날 저녁에 수원 화성에 도착했어요.

수원은 영조의 아들이자 정조의 아버지인 사도 세자의 무덤이 있는 곳이에요. 사도 세자는 신하들의 당파 싸움과 속임수로 쌀을 담아 두는 뒤주에 갇혀 죽었어요. 정조도 세손 시절에 당파 싸움에 휩싸여 여러 차례 목숨을 잃을 뻔했지요. 그래서 왕위에 오른 정조는 왕권을 강화하는 정책을 차근차근 펼쳐 나갔어요.

왕을 지키는 군대인 장용영을 만들었고, 규장각을 설치하여 이덕무, 박재가 등 젊은 인재들을 자신의 충실한 신하로 키웠어요.

수원 화성도 당파 싸움을 뿌리 뽑고, 왕의 권위를 드높이기 위해 지은 건축물이에요. 수원 화성은 나라를 지키는 요새로 활용하기 위해 방어 기능이 뛰어나게 만들어졌어요. 정약용, 박제가, 이익 등이 수원 화성을 만드는 데 참여했어요. 특히 정약용은 거중기를 발명하여 수원 화성을 2년여 만에 완성시켰어요. 그 덕분에 공사비를 크게 줄일 수 있었지요.

정조는 조선의 정치와 문화를 함께 발전시켜 나갔어요. 서얼(양반과 첩 사이에 태어난 자식)과 노비에 대한 차별을 줄이는 등 많은 개혁을 추진했지요. 그러나 1800년 정조가 49세의 나이로 갑자기 죽자 그가 추진했던 여러 가지 개혁들은 하루아침에 물거품이 되고 말았어요.

수원 화성
정조가 남긴 수원 화성은 오늘날 유네스코 세계 문화유산에 등재되어 우리의 문화유산으로서 위용을 뽐내고 있어요.

백성들이 잘 먹고 잘살기 위한 학문이 필요해요

실학사상

조선 중기까지만 해도 조선 사람들은 중국이 세계에서 가장 크고, 세상의 중심이라고 생각했어요. 하지만 중국에서 들어온 자명종과 천리경, 〈곤여 만국 전도〉 등을 본 사람들은 생각이 바뀌었어요.

서양 문물 가운데 〈곤여 만국 전도〉는 중국 명나라에 머물던 서양 선교사 마테오 리치가 만든 세계 지도예요. 우리나라에서 가장 오래된 세계 지도이지요. 이 지도를 본 사람들은 중국 이외에도 크고 많은 나라가 있다는 사실을 알게 되었어요.

〈곤여 만국 전도〉를 통해 넓은 세상을 본 사람들은 차츰 조선의 뒤떨어진 현실을 깨닫기 시작했어요. 이제 조선도 예법만 따지는 고리타분한 학문에서 벗어나 실제로 백성들이 잘살 수 있고, 나라의 힘을 기를 수 있는 학문을 공부해야 한다고 생각했지요.

이렇게 해서 생겨난 학문이 바로 '실학'이에요. 실학은 실생활에서 잘 쓰이고 생활을 풍족하게 하는 학문이라는 뜻이에요. 그리고 실학을 연구한 학자들을 '실학자'라고 해요. 실학자는 크게 '중농학파'와 '중상학파'로 나뉘어요.

유형원, 이익, 정약용 등의 중농학파는 땅을 빌려 농사지으며 힘들게 사는 농민들의 문제를 해결하고 토지 제도를 바꿔야 한다고 주장했어요.

유수원, 박지원, 박제가, 홍대용 같은 중상학파는 상공업을 발달시키고 기술을 개발하여 생산력을 높여야 나라가 잘살고 강해진다고 주장했어요. 이들은 청나라의 선진 문물을 받아들여야 한다고 주장하기도 해서 '북학파'라고도 해요.

실학자들은 사회의 잘못된 점을 바꾸고, 백성들의 생활을 직접 도울 수 있는 방법을 연구했어요. 실학자들의 뜻은 조선 사회에 반영되지 못했지만, 실학의 정신은 이후 개화 사상가들에게 영향을 끼쳐 우리나라의 근대화에 보탬이 되었어요.

쌀 수확량이 늘어났어요

이앙법

"어라디야 저라디야 상사로세. 이 농사를 어서 지어, 나라 봉양을 허고 보세."

진주의 넓은 논에서는 북소리 장단에 맞춰서 흥겨운 모내기 노래가 울려 퍼졌어요.

"김 서방! 농사짓는 법을 바꾸니까 좀 어떤가?"

"말도 마시오. 직파법(볍씨를 논에 직접 뿌리는 농사법)으로 농사를 지을 적에는 잡초 뽑기도 어렵고, 벼가 잘 자라지 않아 고생만 실컷 했지요."

김 서방은 모판에서 기른 모를 치켜들며 말을 이었어요.

"지금은 이렇게 이미 웃자란 모를, 물을 댄 논에 옮겨 심으면 되니까 힘이 덜 들어요."

모판에 볍씨를 뿌려 미리 기른 뒤 물을 댄 논에 옮겨 심는 농사법을 이앙법 또는 모내기법이라고 해요. 고려 말과 조선 전기에도 이미 남부 지역에서 이앙법을 이용해 농사를 지었어요. 그러다 조선 후기에 전국적으로 이앙법이 사용되었어요.

이앙법을 하기 위해서는 논에 충분한 물을 대어야 해요. 하지만 저수지 같은 수리 시설이 부족해서 가뭄이 들면 이앙법으로 농사할 수 없었지요. 그러자 농민들은 가뭄에 대비해서 곳곳에 저수지를 만들었어요. 덕분에 17세기 말부터 농부 한 사람이 거둬들이는 농작물의 양은 꾸준히 늘어났어요.

이앙법으로 인해 소를 이용한 쟁기 사용이 널리 보급되는 등 농기구도 사용하기 편리하게 만들어졌어요. 한 달가량의 짧은 시간 안에 모내기를 끝내야 했기 때문에 마을 사람들이 서로 도우며 농사일을 함께하는 두레, 품앗이가 널리 퍼졌어요.

또한 이앙법으로 인해 쌀 수확량이 늘어나자 땅을 가진 지주층은 더 부유해졌고, 농사지을 땅을 더 살 수 있었지요. 그러나 땅이 없는 대부분의 농민들은 경작지를 잃고 도시로 나가 상인이 되거나 노동자가 되었어요.

돈을 주면 양반 신분을 살 수 있다고?

신분 제도의 변화

강원도 정선에 이 생원이라는 양반이 살고 있었어요. 이 생원은 책을 좋아해 매일 책만 읽으며 살았어요. 하지만 집은 찢어지게 가난해서 먹을거리가 늘 부족했지요.

"여보, 또 쌀이 떨어졌어요. 어떻게 좀 해 보세요."

양반은 부인의 말에 돈을 빌리려고 여기저기를 다녔지만 아무도 돈을 빌려주지 않았어요.

때마침 그 동네의 부자 농민이 양반을 찾아왔어요.

"이 생원님, 집안에 쌀이 떨어져 곤란을 겪고 계시다고 들었는데, 양반 신분을 제게 파시는 게 어떻겠습니까? 제가 돈을 두둑하게 드리겠습니다."

"뭐라? 양반 신분을 팔아?"

"네, 양반 족보를 제가 비싼 값으로 사겠습니다."

쌀 살 돈도 없어 당장에 굶어 죽게 생긴 이 생원은 부자 상인에게 족보를 팔고 생계를 이어 갔어요.

조선 시대에는 신분이 '양반, 중인, 상민, 천민'으로 나뉘었어요. 그 가운데 제일 높은 신분인 양반은 조선 초기에는 전체 인구의 5퍼센트 정도밖에 안 되었는데, 19세기 중엽 조선 후기에는 약 70퍼센트가 되었어요. 그렇게 된 이유는 돈을 많이 모은 상민과 천민이 양반 신분을 돈으로 샀기 때문이에요. 양반이 되면 세금도 안 내고, 군대에 가지 않아도 되었거든요.

뿐만 아니라 납속(죄를 면하고자 돈을 바침)을 하면 죄를 지어도 벌을 안 받았어요. 또 나라에서는 부족한 나랏돈을 채우기 위해 백성들에게 곡물이나 돈을 받고, 그 대가로 공명첩을 주었어요. 공명첩은 나라에 바치는 곡물의 양에 따라 직급을 정하고, 이름 쓰는 난이 비어 있는 관직 임명장이에요. 공명첩만 있으면 누구나 양반 행세를 할 수 있었지요.

이처럼 조선 후기에 몰락하는 양반들이 생기는 반면, 농업 기술과 상공업이 발달하여 재산을 쌓은 평민들은 늘어났어요. 부자가 된 평민들이 양반 행세를 하고 다니면서 양반의 위상은 예전만 못해졌고, 조선의 신분 제도는 흔들리기 시작했어요.

조선은 왜 천주교를 금지했나요?

천주교의 전파와 탄압

1784년, 중국 청나라에 갔던 이승훈은 그곳에서 천주교를 접한 뒤 세례를 받고 돌아왔어요. 우리나라 최초의 천주교 세례자이지요. 이승훈은 사람들을 모아 놓고 말했어요.

"하나님의 말씀을 믿고 따르면 천국에 들어갈 수 있습니다."

사람들은 이승훈 신부의 말에 귀를 기울였어요. 하지만 예배를 드릴 장소가 마땅하지 않았어요. 조선은 유교를 믿는 나라였기 때문에 천주교 같은 서양 종교를 달갑게 생각하지 않았거든요.

"일주일에 한 번씩 김범우의 집에 모여 예배를 드리는 게 어떨까요?"
"그거 좋은 생각입니다. 김범우의 집은 외곽에 있어 안전할 겁니다."
그러나 며칠 뒤 의금부 군사들이 김범우의 집에 들이닥쳤어요.
"모두 그 자리에서 꼼짝하지 마라. 죄인들은 오라(죄인을 묶는 줄)를 받아라!"
"왜 우리가 죄인이오?"
"너희는 나라에서 금지하는 종교를 믿었다. 나라에서 서학을 믿는 자들은 모두 잡아들이라는 엄명이 내려졌다. 너희 천주교인들은 조상에게 제사를 지내지 않고, 왕과 부모보다 하느님을 앞세운다. 이는 유교에서 가장 중요하게 생각하는 '효'와 '충'을 따르지 않겠다는 것이 아니고 무엇이냐?"

당시 조선은 천주교가 사회 질서를 어지럽히고 예와 도덕을 해친다며 천주교를 믿는 사람들을 감옥에 집어넣거나 처형을 시키기도 했어요.

그 무렵, 조선은 관리들이 함부로 권력을 휘두르고 나쁜 짓을 일삼아 농민들의 삶은 점점 어려웠어요. 그러자 백성들 사이에는 초자연적인 힘에 의지하여 정신적으로 평안을 얻으려고 했어요. 그러면서 천주교 신도의 수도 점차 늘어났어요. 가난하고 핍박받는 현실에 대한 불만과 신 앞에 모든 인간은 평등하다는 천주교의 가르침에 백성들이 공감했어요.

조선은 천주교를 오랫동안 탄압하고 억눌렀지만 신도의 수는 계속 늘었어요. 1886년에야 비로소 천주교를 공식적으로 인정해 주었답니다.

나라의 문을 꼭꼭 닫아요

흥선 대원군의 쇄국 정치

　1866년, 흥선 대원군은 열두 살밖에 안 된 아들 고종을 대신하여 직접 나라를 다스렸어요. 흥선 대원군은 천주교가 나라의 질서를 어지럽힌다고 생각해서 천주교를 금지시켰어요. 그리고 프랑스 선교사 아홉 명과 수많은 천주교 신자를 죽였어요. 이 사건을 '병인박해'라고 해요.

　1866년 7월에는 미국 상선 제너럴셔먼호가 대동강까지 거슬러 올라와 서로 물품을 사고팔자고 했지만 흥선 대원군은 이들을 거부했어요. 그런데 제너럴셔먼호의 선원들이 사람을 향해 총을 쐈어요. 이에 화가 난 평양 주민들은 제너럴셔먼호를 불살라 버렸어요. 이 사건을 '제너럴셔먼호 사건'이라고 해요.

제너럴셔먼호 사건이 일어나고 두 달이 지나서 1866년 9월에는 프랑스 함대가 강화도로 쳐들어왔어요.

"두 달 전 조선은 프랑스 신부 아홉 명을 죽이고, 천주교를 믿는 조선인들을 처형했다. 책임자를 처벌하고, 우리와 앞으로 물건을 사고팔자."

프랑스군은 강화도를 점령하고 30일 동안 머물면서 온갖 못된 짓을 저질렀어요. 조선군이 공격하자 프랑스군은 강화도에서 철수하면서 귀중품과 외규장각에 보관되어 있던 책을 빼앗아 갔어요. 이 사건을 '병인양요'라고 해요.

1871년에는 미국이 제너럴셔먼호 사건을 들먹이며 통상을 요구하며 강화도를 공격했어요. 하지만 흥선 대원군은 이번에도 요구를 들어주지 않고 미국을 압박해 물리쳤어요. 이를 '신미양요'라고 해요.

불과 몇 년 사이에 갑자기 많은 사건을 겪은 흥선 대원군은 서양과 통상을 맺는 것보다는 나라의 문을 굳게 걸어 닫고 상대하지 않는 쇄국 정책을 펴야겠다고 생각했어요. 자신의 이런 뜻을 널리 알리기 위해 전국에 '척화비'를 세웠지요. 흥선 대원군의 쇄국 정책 덕분에 조선은 한동안 서양 강대국들의 침략을 막아 낼 수 있었어요. 하지만 새로운 문물을 받아들일 시기를 놓쳐, 조선의 근대화는 그만큼 늦어졌답니다.

척화비
흥선 대원군은 서양인이 조선에 들어오는 걸 막기 위해 척화비를 세웠어요. 비석에는 '서양 오랑캐가 침입하는데 싸우지 않으면 화친하자는 것이니, 화친을 주장함은 나라를 파는 것이다.'라는 내용을 새겼어요.

서민들도 문화와 예술을 즐겨요

서민 문화의 발달

　18세기 말, 장이 서는 날이면 아이들은 장터로 몰려갔어요. 장터가 가까워지자 돌쇠와 덕삼이는 걸음을 재촉했어요.

　"돌쇠야, 지난번에 전기수(소설을 읽어 주는 사람)가 《춘향전》을 어디까지 읽어 주었더라?"

　"춘향이가 사또에게 끌려가 괴롭힘을 당하는 장면까지였잖아."

　"아, 그렇지! 그다음에는 어떻게 될까? 너무 궁금하다."

　돌쇠와 덕삼이는 동전 몇 푼을 내고, 전기수 앞에 쪼그리고 앉았어요. 전기

수는 소설을 손에 들고 읽기 시작했어요. 목소리와 몸짓까지 섞어 가며 아주 실감 나게 읽었지요.

"자, 이때 춘향이가 사또에게 하소연을 하는데에!"

한편 시장 한쪽에서는 판소리 광대들이 공연을 했어요. 부채를 든 소리꾼이 소리를 하고, 북 치는 고수는 "얼쑤!" 하며 장단을 맞추고 있었지요.

판소리꾼은 요즘 가수들만큼이나 인기가 많았어요. 판소리를 아주 잘하면 '명창'이라고 불렸어요. 권세 있는 양반들은 잔치 때 명창을 불러 판소리 공연을 벌이곤 했어요.

판소리 공연이 열리는 곳 옆에서는 민화를 팔고 있었어요.

"자, 이 석류 그림을 집에 들여놓으면 자식을 많이 낳을 수 있고, 호랑이 그림은 나쁜 귀신을 쫓아낼 수 있습니다. 한 장에 단돈 열 냥!"

이처럼 조선 후기에는 백성이 주인공이 된 문화와 예술이 발달했는데, 이런 문화와 예술을 '서민 문화'라고 해요.

조선 시대 중기까지 문화와 예술은 모두 양반 중심이었어요. 백성들은 문화와 예술을 즐길 만한 여유가 없었지요. 그러나 조선 후기에는 농업과 상업이 발달하면서 일반 백성들도 조금이나마 생활의 여유를 갖게 되었어요. 그 덕분에 문화와 예술에 관심을 기울이게 되었고 판소리, 한글 소설, 민화, 탈춤 등이 유행했어요. 조선 후기 서민 문화는 생각과 감정을 솔직하고 유쾌하게 표현했어요. 서민들의 슬픔과 기쁨, 지배 계층에 대한 저항 의식을 드러내기도 했지요.

무슨 조약이 이렇게 불평등해?

강화도 조약

1875년 9월 20일, 강화도 앞바다에 일본 군함 운요호가 나타났어요. 그러자 강화도 초지진을 지키던 군인들이 더 다가오지 못하도록 대포를 쐈어요. 그러자 운요호도 초지진을 향해 대포를 쏘며 물러났어요.

몇 달 뒤 일본 군함이 또 강화도에 나타나 따졌어요.

"운요호는 단지 물을 얻으려고 초지진에 다가간 것이다. 그런데 조선군이 갑자기 공격을 퍼부었다. 조선 정부가 사과하지 않고 일본과 통상 조약을 맺지 않는다면, 곧장 서울까지 쳐들어가겠다."

이 일로 조선 조정은 긴급회의를 열었어요.

"무례한 일본과는 통상 조약을 맺을 수 없습니다."

"전쟁을 피하려면 어쩔 수 없습니다. 일본과 통상을 하여 서양 문물을 받아들이는 것이 더 낫다고 생각합니다."

고종은 고민 끝에 일본과 통상 조약을 맺기로 결정했어요. 흥선 대원군의 그늘에 가려져 있던 고종은 왕 노릇을 제대로 하고 싶어 했어요. 그러려면 흥선 대원군이 택했던 '쇄국'을 버리고, '개화'를 선택하는 것이 더 좋다고 생각했지요.

1876년, 조선은 일본과 강화도 조약을 맺었어요. 조약의 내용에 따라 조선은 부산과 인천, 원산의 항구를 열었어요. 세 곳의 항구에서는 일본 상인들이 자유롭게 활동할 수 있었어요. 그래서 강화도 조약 이후 많은 일본 상인들이 조선으로 들어왔어요.

조선보다 훨씬 일찍 나라의 문을 연 일본은 아시아에서 제일 먼저 근대화를 이루었어요. 근대화에 성공한 일본은 서양 제국주의 국가들처럼 식민지를 가지고 싶어 했어요. 그 첫 번째 대상이 바로 조선이었어요. 그리고 조선을 식민지로 만들기 위한 첫걸음이 바로 강화도 조약이었지요.

강화도 조약은 조선이 맺은 최초의 국제 조약이었어요. 하지만 조선에 불리한 내용이 많은 불평등 조약이었어요. 조선에 머무르는 일본인이 죄를 지었을 때 일본 관리가 심판하고, 수입·수출하는 상품에 세금을 물리지 않는 등의 내용을 담고 있어요. 세계정세를 미처 알지 못하고 철저하게 개항 준비를 하지 못해 일어난 결과였어요. 조선은 강화도 조약 이후 미국, 영국 등 강대국에게도 문호를 개방했어요.

개화파는 삼일천하로 막을 내렸어요

갑신정변

1884년 가을이었어요. 김옥균, 박영효, 김윤식 등의 개화파들이 종로의 한 식당에 모여 은밀한 대화를 나누었어요.

"청나라의 간섭은 심해지고, 개화 정책은 후퇴하여 조선의 근대화가 점점 늦어지고 있습니다. 개화에 반대하는 자들을 처단합시다."

"몇달 뒤에 우정국(지금의 우체국) 개국 축하 연회가 열리네. 그 자리에는 개화를 반대하는 수구파 사람들이 모두 올 거야. 일본이 우리를 도와준다고 약속했으니 그날 큰일을 일으킵시다."

일본은 개화파를 앞세워 청나라를 몰아내고 조선을 자신들의 손안에 넣으려고 했어요. 개화파 청년들은 그런 줄도 모르고 일본을 믿고 나라의 개혁을 준비했어요.

1884년 12월 4일, 마침내 우정국 축하 연회가 열리고 있던 밤 10시. 누군가 갑자기 "불이야!" 하고 외쳤어요. 민영익을 비롯한 수구파들은 수상한 기운을 눈치채고 얼른 밖으로 뛰어나갔어요. 그러나 문 밖에서 기다리고 있던 개화파들의 손에 목숨을 잃었어요.

김옥균은 재빨리 창덕궁에 있는 고종에게 달려가 거짓말을 늘어놓았어요.

"전하! 청나라 군사들이 난을 일으켰습니다. 어서 몸을 피하십시오."

아무것도 모르는 고종은 일본에 도움을 요청하고, 경우궁으로 피했어요.

이윽고 날이 밝자, 개화파는 새로운 정부를 구성하고 여러 가지 개혁안을 발표했어요.

"신분 차별 없이 능력에 따라 인재를 뽑자."

"백성의 재물을 빼앗는 관리들을 처벌하고 백성들을 위한 일들을 하자."

하지만 사흘째 되던 날, 청나라 군대가 궁궐로 쳐들어오자, 개화파들은 일본으로 도망쳤어요. 갑신정변은 이렇게 3일 만에 막을 내렸어요. 개화파의 개혁안은 휴지 조각이 되어 버렸어요. 그래서 갑신정변을 삼일천하라고 해요.

개화파는 근대 국가를 건설하려고 했지만 백성들에게 개화사상이 널리 퍼지지 않아 백성의 호응을 이끌어 내지 못했어요. 일본을 지나치게 믿고 의지하는 바람에 실패로 돌아갔답니다.

나라 안의 부패와 나라 밖의 압력에 맞섰어요

동학 농민 운동

1894년, 전라도 고부 군수 조병갑은 농민들에게 나쁜 짓을 일삼았어요. 농민들에게 저수지를 짓게 해 놓고 품삯은 한 푼도 주지 않았어요. 더구나 저수지를 쓰려는 농민에게 세금까지 받았어요. 농민들은 관아를 찾아가 따졌지만, 오히려 곤장만 맞고 쫓겨났어요.

이 소식을 들은 전라도 고부의 동학 우두머리였던 전봉준은 동학을 믿는 농민 1,000여 명을 이끌고 고부 관아를 덮쳤어요. 동학은 1860년에 최제우가 만든 종교로서, 모든 사람은 평등하고 존귀하다고 여겼어요. 조병갑 같은 사람들 때문에 힘들게 살아가는 백성들에게 희망을 가지게 해 주었지요.

"창고의 곡식을 모두 굶주린 농민들에게 나눠 주고, 억울하게 옥에 갇혀 있는 사람들을 풀어 줍시다."

얼마 후, 전봉준이 이끄는 동학 농민군은 1만 3,000명으로 불어났어요. 동학 농민군은 '보국안민(輔 도울 보, 國 나라 국, 安 편안할 안, 民 백성 민)'이라는 깃발을 높이 들었어요. 보국안민이란 '나라를 돕고 백성을 편안하게 한다.'는 뜻이에요.

동학 농민군은 황토재에서 관군과 전투를 벌여 큰 승리를 거두었고, 그 기세를 몰아 전라도 각 고을을 단숨에 휩쓸어 버렸어요. 위기를 느낀 조선 조정은 청나라에 도움을 요청했어요. 청나라가 조선에 군대를 보내자, 일본도 군대를 보냈어요. 동학 농민군은 더 이상 외세가 들어오는 것을 막기 위해 정부와 화목하게 지내자고 약속을 하고 스스로 해산했어요.

"집강소를 설치하고 우리의 개혁안을 받아들인다면 해산하겠소."

동학 농민군은 해산하였지만 일본은 군대를 철수시키지 않고 조선을 위협했어요. 그러자 동학 농민군은 일본군을 물리치기 위해 다시 일어섰어요. 하지만 최신식 무기로 무장한 일본군에게 크게 패했고, 전봉준을 비롯한 지도자들이 잡혀가 처형당하며 실패로 끝났어요.

비록 동학 농민 운동은 실패했지만 처음으로 일반 백성들이 일으킨 개혁 운동이었고, 외세를 몰아내려고 한 민족 운동이었어요.

일본은 왜 명성 황후를 없앴을까요?

명성 황후의 시해

　19세기 후반에 일본, 청나라, 러시아는 조선을 둘러싸고 팽팽한 대결을 벌이고 있었어요. 그러다 일본이 청나라와의 전쟁에서 이겨 랴오둥 반도를 차지했어요. 그러자 러시아가 발끈하여 독일과 프랑스를 끌어들여 일본을 압박했어요.

　"일본은 랴오둥 반도를 청나라에 돌려주어야 한다. 만약 우리의 요구를 듣지 않으면 전쟁을 일으키겠다."

　일본은 세 나라의 압력에 한발 물러날 수밖에 없었어요.

이 과정을 지켜본 명성 황후가 고종에게 말했어요.

"전하, 지금이 바로 일본의 간섭에서 벗어날 때입니다. 그러려면 러시아의 힘이 필요합니다. 제가 러시아 공사(오늘날의 외교관)를 만나 보겠습니다."

명성 황후는 러시아 공사를 만나 도움을 요청했어요.

"이전에 청나라가 조선에서 누렸던 특별한 혜택을 모두 러시아에게 줄 테니, 일본을 좀 견제해 주시오."

러시아 공사는 명성 황후의 요청을 받아들였어요. 그러자 일본은 조선이 러시아와 가까워지는 것을 막기 위해 온갖 궁리를 했어요. 그러다 명성 황후를 시해할 계획을 세웠어요.

"러시아와 친하게 지내는 모든 관계의 중심인물인 명성 황후를 없애면 한꺼번에 문제를 해결할 수 있을 거야."

1895년 10월 8일, 경복궁을 습격한 무사들이 무참히 명성 황후를 죽였어요. 이 사건을 '을미사변'이라고 해요. 을미사변이 일어난 뒤에 일본은 조선에 대한 영향력을 점점 더 넓혀 나갔어요.

명성 황후에 대한 평가는 크게 엇갈려요. 명성 황후는 시아버지인 흥선 대원군을 내쫓고 친척들을 높은 벼슬자리에 앉혀 집안 권력을 챙겼다고 해요. 자신의 지위를 이용해 사리사욕을 채운 것이지요. 그리고 명성 황후는 서양 문물을 받아들이도록 개방 정책을 주장했지만 자주적으로 근대화를 이루지도 못했고, 나라의 힘도 기르지 못했어요. 그 결과 어느 세력의 호응도 받지 못하고, 나라를 어지럽혔다는 평가를 받아요. 반면에 나라 안팎의 어지러운 상황에서 주권을 지키려고 애쓴 인물이라고 평가하기도 해요.

4장

대한 제국부터 대한민국까지

- 대한 제국
- 을사조약
- 헤이그 특사
- 3·1 운동
- 민족 말살 정책
- 광복과 남북 분단
- 한국 전쟁

- 4·19 혁명
- 박정희 정권
- 5·18 광주 민주화 운동
- 6월 민주화 항쟁
- 일본군 위안부
- 아이엠에프 경제 위기
- 촛불 집회

더 이상 조선이 아니에요

대한 제국

　일본은 명성 황후를 시해한 뒤 조선을 더욱 억압하는 정책을 펼쳤어요. 일본의 간섭과 억압 때문에 백성들은 크게 분노했어요. 특히 남성들에게 단발령을 내려 머리의 상투를 자르라고 하자 백성들은 더 이상 참을 수 없었어요.
　"부모로부터 받은 머리카락을 자르라고? 그런 불효를 할 수는 없소. 털끝 하나라도 손댈 수 없소!"
　"그렇소! 일본인들이 우리의 전통과 민족정신을 끊으려고 하는 것이오. 이 땅에서 일본인을 다 몰아냅시다!"

유생들과 농민들은 명성 황후 시해와 단발령에 반항하여 자발적으로 군대를 만들고 병사가 되었어요. 이런 병사를 의병이라고 해요. 의병들의 투쟁은 전국으로 번져 나갔어요.

고종은 일본의 위협과 성난 백성들로부터 생명의 위협을 느꼈어요. 그래서 1896년 2월 11일에 궁궐을 몰래 빠져나와 러시아 공사관으로 몸을 피했어요. 이를 '아관 파천'이라고 해요.

고종은 러시아를 통해 일본의 위협을 막아 보려고 했어요. 그런데 오히려 러시아는 고종을 보호하고 있다는 구실을 앞세워 조선의 정치와 경제에 간섭했어요. 미국, 일본 등 다른 나라들도 앞다투어 조선으로부터 자기들에게 필요한 것들을 빼앗아 갔지요. 결국 자주독립을 원하는 백성들과 신하들의 요청으로 고종은 러시아 공사관에서 1년 만에 궁으로 돌아왔어요.

궁으로 돌아온 고종은 떨어진 나라의 위신을 세우고, 근대적인 자주독립 국가를 세우고 싶었어요. 그래서 1897년에 조선을 왕국에서 '제국'으로 바꾸고, 나라 이름도 '대한'으로 정했어요. 그리고 청나라가 쓰던 연호 대신 '광무'라는 독자적인 연호를 사용하였어요. 이제 대한 제국도 중국처럼 황제의 나라가 된 것이지요. 황제는 하늘의 신으로부터 백성을 다스릴 수 있는 권리를 받아야 한다고 여겼기 때문에 원구단(하늘에 제사를 지내는 제단)에서 황제 즉위식을 가졌어요. 청나라, 일본, 러시아로부터 독립을 지키겠다는 고종의 강한 의지를 보여 주는 변화였어요.

대한 제국이 일본의 손에 넘어갔어요

을사조약

 1905년 11월 5일, 일본의 수상인 이토 히로부미가 고종을 찾아왔어요. 이 무렵 일본 정부는 대한 제국의 재정, 외교, 군대, 교육까지 마음대로 휘두르고 있었어요.
 "폐하, 앞으로 조선이 잘되길 바란다면 일본에게 당분간 외교권을 맡기시는 것이 좋을 것입니다."
 "무슨 말이오? 외교권은 한 나라가 다른 나라와 동등한 위치에서 외교를 할 수 있는 권리입니다. 어찌 외교권을 함부로 일본에 넘긴단 말입니까?"

"승낙을 하거나 거부하는 건 폐하의 마음입니다. 하지만 만약 거부하신다면 일본 정부는 가만히 있지 않을 것입니다."

고종은 억지스런 강요에도 이토 히로부미의 뜻을 거부했어요. 이튿날, 이토 히로부미는 대한 제국의 대신들을 모아 놓고 외교권을 넘기는 것에 찬성하라고 강요했어요. 그러자 학부대신(지금의 교육부 장관) 이완용이 먼저 입을 열었어요.

"우리는 이미 일본에게 많은 도움을 받았습니다. 조선의 운명은 이미 기울어졌습니다. 상황이 이러하니 일본과 이 조약을 체결해야 합니다."

"이보시오, 이 조약의 내용이 뭔지나 알고 그런 소리를 하는 게요?"

이때 대신들 사이에는 고성이 오갔어요. 하지만 결국 이완용, 박제순, 이지용, 이근택, 권중현 등이 조약 체결에 찬성했어요. 이토 히로부미는 외부대신(지금의 외교부 장관) 박제순의 도장을 빼앗아 조약 문서에 자기 마음대로 도장을 찍었어요.

이렇게 강제로 맺어진 조약이 바로 을사조약이에요. 이 조약으로 대한 제국은 외교권을 일본에게 넘겨주고 말았답니다.

을사조약을 맺을 당시, 대한 제국은 너무나 힘이 없었어요. 더구나 미국과 영국을 비롯한 서양 강대국들이 러시아를 견제하기 위해 일본 편을 들기 시작했거든요. 이에 의기양양해진 일본은 을사조약을 억지로 밀어붙여 대한 제국을 집어삼켰어요. 결국 1910년에 한일 병합 조약이 체결되어 일본에게 국권을 빼앗기고 말았어요.

을사조약이 무효라는 사실을 세계에 알려요

헤이그 특사

1907년, 고종은 이상설, 이준, 이위종 세 명의 대신을 조용히 불렀어요.

"1905년 일본과 맺은 을사조약은 무효일세. 난 조약에 도장을 찍지 않았다네. 이토 히로부미가 일방적으로 대신들을 협박해 이루어진 조약일세."

"폐하, 그 사실을 모르는 자가 어디 있습니까?"

"그래서 난 을사조약이 무효라는 사실을 전 세계에 알리고 싶네. 자네들이 네덜란드에 좀 다녀와야겠네."

이상설은 의정부 참찬이라는 높은 벼슬을 지낸 인물로 프랑스 어와 영어를 잘했고, 이위종도 외국어를 잘했어요. 그리고 이준은 법률가로 애국심이 투철한 인물이었지요.

고종은 이들에게 특사 위임장을 건네주었어요.

"나를 대신한다는 특사 위임장일세. 이것을 가지고 네덜란드에서 열리는 만국 평화 회의에 참석하게. 그리고 세계 여러 나라에 일본의 침략 행위를 고발하고, 잃어버린 외교권을 되찾아 오게."

1907년 6월, 네덜란드의 도시 헤이그에 세 명의 특사가 도착했어요. 세 사람은 호텔에 짐을 풀자마자 활동을 시작했어요. 미국, 영국, 프랑스, 독일 등 강대국 대표들을 두루 찾아가 도움을 청했지요.

그러나 그들은 헤이그 특사의 부탁을 모두 거절했어요. 그때 서양 강대국들은 모두 일본 편에 서 있었고, 일본이 조선을 보호국으로 만드는 데 동의한 상태였거든요.

이상설, 이준, 이위종 세 명의 헤이그 특사는 포기하지 않고 만국 평화 회의에 참석하려고 했어요. 하지만 일본의 방해로 끝내 참석할 수 없었어요.

고종과 헤이그 특사는 일본의 침략을 막아 내기 위해 을사조약이 잘못된 것이라고 세계에 알리려고 했지만 결국 실패하고 말았어요. 일본은 헤이그 특사 파견에 대한 책임을 물어 고종을 황제 자리에서 물러나게 하고, 대한 제국의 군대를 강제로 흩어 버렸어요.

왜 3월 1일에 만세 운동을 했나요?

3·1 운동

1919년 3월 1일, 아침이 밝아 오자 곳곳에서 사람들이 수군거리는 소리가 들렸어요.

"이보게, 자네 소식 들었나?"

"당연하지. 골목마다 독립운동의 시작을 알리는 글이 나붙었어. 어서 우리도 탑골 공원으로 가자고!"

오후 2시, 탑골 공원이 있는 서울 종로 거리는 사람들로 가득 찼어요. 그 시각, 손병희, 오세창, 한용운 등 민족 대표 33인은 자신들이 나서면 사태가 더

커진다고 생각하여 태화관이라는 음식점에 모여 〈독립 선언서〉를 낭독했어요. 탑골 공원에 모인 사람들도 마찬가지로 독립 선언식을 가졌어요. 그때 한 학생이 단상 위로 올라가 외쳤어요.

"대한 독립 만세!"

그러자 서울 하늘은 온통 만세 소리로 뒤덮였어요. 그 뒤, 만세 운동은 무려 1년 동안 전국 각지에서 계속되었어요.

일제 강점기 동안 우리 민족은 나라를 잃은 서러움을 톡톡히 겪어야 했어요. 그럴수록 독립에 대한 소망은 강해져 갔지요. 그래서 천도교, 기독교, 불교 등 여러 종교 단체의 지도자들과 학생들이 중심이 되어 전국적인 독립운동을 일으킬 계획을 세우고 있었어요.

그러던 중 1919년 1월에 고종 황제가 세상을 떠났다는 슬픈 소식을 들었어요. 그 소식에 독립운동가들은 급히 자리를 마련하고 언제 전국적인 만세 운동을 할지 의논했어요.

"고종 황제의 장례식 때 많은 사람이 모일 테니, 그 무렵에 합시다. 3월 3일 장례식 날은 피하고, 3월 1일이 마침 토요일이니 그때라면 많은 사람이 함께 할 수 있을 것 같습니다."

이렇게 해서 3·1 운동의 날짜가 잡힌 거예요.

3·1 운동은 신분, 직업, 종교의 구별 없이 모든 계층이 참여한 우리 역사상 가장 큰 규모의 민족 운동이에요. 3·1 운동을 계기로 다양한 민족 운동이 시작되었고, 대한민국 임시 정부가 세워졌어요.

우리는 민족정신을 끝까지 지킬 테야

민족 말살 정책

일본은 우리나라를 강제로 다스리는 동안에도 중국과 미국 하와이를 공격하는 등 많은 전쟁을 일으켰어요. 전쟁 때문에 일본군의 수가 점점 줄어들자 일본은 우리나라 사람들을 이용하려고 했어요.

"총독 각하! 조선인들에게 조선은 일본인과 하나라고 교육시키는 게 어떨까요?"

"뭐요? 조선인처럼 미개한 야만족과 우리 일본인이 하나라니요?"

"그게 아니라, '일본인과 조선인은 하나니까 다 같이 천황을 위해 싸우자.'

라고 알리는 겁니다. 그런 다음 조선인들을 전쟁에 끌고 가는 거죠. 조선인을 우리 일본인처럼 만들다 보면 언젠가 조선의 민족정신은 사라질 겁니다."

"정말 좋은 생각이오. 얼른 시작합시다."

이때부터 일본은 우리 민족정신을 없애기 위해 민족 말살 정책을 펼쳤어요.

"조선 학생들은 매일 아침 황국 신민의 서사를 외우고, 천황께서 머물고 계신 도쿄를 향해 절을 해야 한다. 또한 신사에 참배해야 하고, 절대 조선말을 사용해서는 안 된다."

일제는 '창씨개명'이라고 해서 모든 사람들의 성과 이름도 일본식으로 바꾸도록 했어요. 이름을 바꾸지 않으면 아이들은 학교에 다닐 수도 없고, 식량을 받을 수도 없었지요. 어쩔 수 없이 우리나라 사람의 80퍼센트가 일본식 이름으로 이름을 바꾸었어요.

하지만 우리 민족은 민족정신을 지키기 위해 끝까지 노력했어요. 1920년대 후반부터 조선의 학생들은 농촌 계몽 운동에 앞장섰어요. "아는 것이 힘이다. 배워야 산다."는 구호와 함께 몰래 한글을 가르치고 배웠어요.

농촌 계몽 운동에 참여한 학생들은 거의 모든 비용을 스스로 해결하며 헌신적으로 활동했어요. 일제는 농촌 계몽 운동을 하지 못하도록 막았어요. 하지만 학생들은 비밀 모임을 만들어 농촌 계몽 운동을 계속 이어 나갔고, 우리 민족은 끝까지 민족정신을 지키기 위해 노력했어요.

미국과 소련이 한반도의 허리를 잘랐어요

광복과 남북 분단

"김도연 씨, 평양에서 편지가 왔어요."

우체부가 대문 밖에서 소리치자 김도연 씨는 신발도 제대로 신지도 않고 뛰어나갔어요.

"여보, 무슨 편지예요?"

"평양에 살고 계신 큰아버지께서 보낸 편지네. 평양 큰조카가 다음 주 토요일에 결혼한대."

"그래요? 그럼 우리도 평양에 가야겠네요."

"당연히 그래야지. 큰조카 결혼식인데."

남북이 통일된 미래의 이야기냐고요? 아니에요. 우리나라가 일본으로부터 해방된 직후의 이야기예요. 제2차 세계 대전에서 일본이 진 뒤 1945년 8월 15일에 우리나라에도 광복이 찾아왔어요. 광복을 한 바로 다음에는 남북 간에 우편물도 오갔고, 남북한 주민들도 38선을 자유롭게 넘나들 수 있었어요.

하지만 그리 오래가지 못했어요. 일본이 우리나라에서 물러가자 소련과 미국이 만나 회의를 열었어요. 당시 두 나라는 서로 한반도에서 자기들의 지배력을 넓히고 싶어 했어요. 우리나라를 놓고 서로 각자에게 유리한 쪽으로 만들기 위해 다투었어요. 그러다 미국이 먼저 소련에게 의견을 내놓았어요.

"한반도를 북위 38도선을 경계로 삼아 남북으로 나누고 각각 한쪽씩 맡아서 나라를 다스립시다."

미국의 제안에 소련이 얼른 동의했어요.

"그거 좋은 생각입니다. 38도선 남쪽은 미군이, 북쪽은 우리 소련군이 각각 들어가 아직 조선에 남아 있는 일본군의 항복을 받도록 하죠."

이렇게 해서 38선이 그어진 거예요. 이때 그어진 38선이 결국 우리 민족을 둘로 갈라놓는 결과를 낳았지요.

미국과 소련의 이해관계 때문에 나라가 둘로 갈라진 뒤, 남과 북의 갈등은 갈수록 깊어져 갔어요. 38선 북쪽은 소련의 영향 아래 점차 사회주의 국가가 되어 갔고, 남쪽은 미국의 영향 아래 자본주의 국가가 되어 갔어요.

같은 민족끼리 총을 겨눠요

한국 전쟁

　1950년 6월 25일 새벽, 한국 전쟁이 일어났어요. 북한 인민군이 남쪽 시골 마을까지 내려오자 김 씨 할머니 가족은 동네 사람들과 함께 서둘러 피란길에 올랐어요.

　얼마나 걸었을까요? 지친 몸을 이끌고 논길을 걸어가고 있는데 멀리서 비행기 소리가 들렸어요.

　"모두 논둑에 납작 엎드리세요."

　이장님의 말에 동네 사람들은 너도나도 머리를 숙이고 엎드렸어요. 그런데 김 씨 할머니의 큰아들이 갑자기 자리에서 일어났어요.

"어머니, 제가 짐을 떨어뜨렸어요. 금방 찾아서 돌아올게요."

김 씨 할머니는 아들을 말릴 틈도 없었어요.

"따따따따따!"

비행기에서 쏜 총알에 김 씨 할머니의 큰아들이 맞았어요.

도대체 왜 이런 비극이 벌어졌을까요?

미국과 소련은 한반도에 38선을 그은 뒤, 남북을 각각 나눠 맡았어요. 남북한이 공동 정부를 세우는 것을 막고, 미국은 우선 남한에 정부를 만들자고 주장했지요.

김구 등 독립운동가들은 남한에만 정부가 세워지면 남과 북은 영원히 나눠질 게 분명하다고 반대했어요. 하지만 결국 남한에서 선거가 먼저 치러졌고, 이 선거로 1948년에 8월 15일에 이승만을 대통령으로 하는 '대한민국' 정부가 세워졌어요. 그러자 북한에서도 기다렸다는 듯이 같은 해 9월 9일에 '조선민주주의인민공화국' 정부를 세웠지요. 이렇게 해서 남과 북은 완전히 다른 나라가 되었어요.

이때부터 북한은 소련과 중국의 군사적 지원을 받으며 차근차근 전쟁 준비를 했어요. 그리고 나서 남한을 공산화시키기 위해 한국 전쟁을 일으켰어요.

한국 전쟁은 뼈아픈 상처만 남긴 채 3년 만에 휴전했어요. 남북한 모두 합쳐 약 400만 명이 죽거나 다쳤으며, 재산 피해도 엄청나게 컸어요. 1,000만 명이 넘는 사람들이 이산가족이 되어 뿔뿔이 흩어졌지요. 오늘날까지 휴전 상태는 계속되고 있으며, 지금도 남과 북은 긴장 상태를 유지하고 있어요.

전 국민이 자유 민주주의를 외쳤어요

4·19 혁명

1960년, 우리나라 초대 대통령인 이승만과 그를 지지하는 자유당의 당원들은 비밀회의를 열었어요. 다가오는 대통령 선거 때 다시 이승만이 대통령을 할 수 있을지 걱정이 되었거든요. 그들은 무슨 수를 써서라도 대통령 선거에서 꼭 승리하겠다고 다짐했어요.

선거가 코앞으로 다가오자 자유당 당원들은 온갖 부정한 방법을 썼어요.

"김 씨, 이 돈 받고 우리 자유당 좀 찍어 주게."

"어, 이러시면 안 되는데……."

"에이, 그러지 말고. 자 받게. 꼭 자유당을 찍어야 하네."

1960년 3월 15일, 선거 당일에는 말도 안 되는 짓을 저질렀어요. 투표장에 들어갈 때 세 명씩 조를 짜서 투표를 하라고 했지요. 자유당을 찍는지 안 찍는지 서로를 감시하기 위해서 말이에요. 게다가 투표함에 미리 이승만을 찍은 표를 넣어 두기까지 했어요.

3·15 부정 선거를 본 국민들은 더 이상 참을 수 없었어요. 경상남도의 마산 시민들은 거리로 나갔어요. 시민들은 선거를 다시 하라는 현수막과 팻말을 들고 외쳤어요. 경찰은 그런 시민들에게 총을 쏘고 폭력을 가했어요. 그리고 약 한 달 뒤에 한 남학생의 시체가 마산 앞바다에 떠올랐어요. 경찰이 쏜 최루탄에 한쪽 눈을 맞은 채로 말이죠. 그 남학생은 3·15 부정 선거 시위에 참여했던 김주열이란 고등학생이었어요.

이 소식은 곧 전국으로 퍼졌고, 마침내 4월 19일에 혁명이 일어났어요. 이승만의 독재를 반대하고 자유 민주주의를 바란 학생들이 거리에 모였어요. 학생들의 시위에 일반 시민들까지 더해졌어요. 경찰은 사람들에게 총부리를 겨누었지만 시위에 나온 사람들은 두려워하지 않고 더욱더 반대의 목소리를 외쳤어요. 마침내 이승만은 12년 만에 대통령에서 물러나겠다고 발표하였어요.

4·19 혁명은 국민들 스스로가 독재 정권을 물리치고, 자유 민주주의를 지키고자 했던 사건이었어요.

이번에도, 다음에도, 또 다음에도 대통령을 해요

박정희 정권

이승만과 자유당이 물러나자 민주당의 장면이 나라의 정권을 잡았어요. 하지만 나라를 잘 운영하지 못했어요. 그러자 1961년 5월 16일, 박정희 등 일부 군인들이 군대를 앞세워 군사 정변을 일으켰어요.

"잘못된 것을 바로잡고, 경제를 살리기 위해서였습니다. 앞으로 정치는 양심적인 정치인들에게 맡기고 우리는 원래의 자리로 돌아가겠습니다."

하지만 박정희는 군으로 돌아가겠다는 약속을 어겼어요. 1963년 10월 제5대 대통령 선거에 나와서 대통령으로 당선되었어요.

박정희는 4년 뒤, 1967년에도 제6대 대통령 선거에 나와서 당선되었어요. 대통령직을 두 번이나 하게 되자 박정희는 점점 욕심이 났어요. 헌법에는 대통령을 두 번까지만 할 수 있는데, 세 번 연이어 할 수 있도록 헌법을 고쳤어요. 이를 '3선 개헌안'이라고 해요. 자기 마음대로 헌법을 고친 박정희는 1971년에 제7대 대통령이 되었어요.

박정희의 욕심은 끝이 없었어요. 1972년에는 대통령의 임기를 6년으로 늘리고, 계속해서 대통령을 할 수 있도록 헌법을 또 바꾸었어요. 이를 '유신 헌법'이라고 해요. 또한 대통령이 국회를 해산하고, 국민의 기본권마저 막을 수 있는 '긴급조치권'을 가질 수 있도록 헌법을 바꾸었어요. 바로 오래도록 대통령을 하고 싶었기 때문이지요.

이런 박정희의 독재를 반대하는 민주화 운동은 끊임없이 이어졌어요. 그러던 중 1979년 10월 26일, 박정희는 중앙정보부장 김재규가 쏜 총탄에 맞고 죽었어요.

박정희는 18년 동안 대통령 자리에 있으면서 우리나라의 경제를 빠른 속도로 발전시켰어요. 공장을 세우고, 수출을 늘리고, 고속도로를 개발하였지요. 하지만 그럴수록 어려운 환경에서 일할 수밖에 없는 국민들도 있었어요. 좁고 지저분한 공장에서 하루 열두 시간 넘게 일을 해야 했고, 건강은 나빠져 갔어요. 이렇듯 박정희는 우리나라가 잘사는 데 큰 역할을 했던 반면에, 독재 정치를 하며 국민들을 힘들게 했다는 비판을 받고 있어요.

우리나라의 민주주의를 발전시켰어요

5·18 광주 민주화 운동

　1980년 5월 18일 아침, 전남대학교 교문 앞에서 학생들과 군인들 사이에 실랑이가 벌어졌어요. 그러다 군인들은 곤봉으로 학생들의 머리를 마구 때렸어요. 학생들의 머리에서는 피가 줄줄 흘러내렸어요. 이 모습을 본 광주 시민들은 깜짝 놀랐어요.

　"아니, 군인이 선량한 학생들을 무자비하게 폭행하다니!"

　광주 시민들은 그런 군인들에게 거세게 대들었어요. 그러자 당시 정권을 잡고 있던 전두환은 광주에 공수 부대를 보냈어요. 공수 부대는 보통 군인들보다 특별한 훈련을 받은 군인들이에요.

"반항하는 학생들과 시민들을 모두 잡아들여라. 광주 시민은 모두 폭동을 일으킨 사람들이다."

졸지에 나쁜 무리로 몰린 광주 시민들은 전남 도청 앞에 모여 군인들에 맞섰어요.

"도청에 모여 있는 자들은 모두 빨갱이다. 반항하면 총을 쏴도 좋다."

군인들은 탱크와 헬기까지 몰고 와서 광주 시민들을 무참하게 죽였어요.

"6·25 전쟁 때도 이러진 않았어. 이건 살인이야, 살인!"

1979년, 18년 동안 집권을 하고 있던 박정희가 죽자 나라가 혼란스러워졌어요. 이 상황을 틈타 전두환, 노태우 등의 군인들이 나라를 손에 쥐었어요. 이를 '12·12 군사 정변'이라고 해요. 이때 군사 정변을 일으킨 군인들을 '신군부'라고 불러요.

전국적으로 국민들의 반발이 번져 나갔고, 신군부는 계엄군을 보내 광주 시민들을 폭력으로 눌렀어요. 이때 수많은 광주 시민들이 목숨을 잃었지요. 5월 18일부터 시작된 민주화 운동은 27일 새벽에 계엄군이 마지막 시위대를 진압하고서야 끝이 났어요.

5·18 광주 민주화 운동은 불법적으로 권력을 차지하려고 하는 신군부에 저항한 민주화 운동이었어요. 5·18 광주 민주화 운동은 비록 실패로 돌아갔지만, 한국 민주주의를 발전시키는 밑거름이 되었어요.

책상을 '탁' 치니까, '억' 하고 죽었다고?

6월 민주화 항쟁

국민들의 목숨을 짓밟고 올라선 전두환 정권은 국민 몰래 온갖 나쁜 일을 저질렀어요. 그러자 국민들은 한목소리를 내었어요.

"대통령은 우리 손으로 직접 뽑아야 합니다."

"나쁜 일을 일삼는 전두환 정권에 맞서 싸워야 합니다."

학생들은 거리에 나와 목소리를 높였지만 그때마다 전두환 정권은 힘으로 학생들을 억눌렀어요.

그러다 1987년 1월 14일, 서울대학교 학생 박종철이 경찰에게 조사를 받다가 죽는 일이 일어났어요. 경찰은 "책상을 탁 치니 억 하고 죽었다."는 어처구니없는 말만 했어요. 진상을 조사해 보니, 박종철이 물고문을 당하다가 죽었다는 사실이 밝혀졌어요. 국민들의 분노에 기름을 끼얹은 셈이었지요.

"박종철의 죽음을 헛되이 하지 마라!"

"전두환은 헌법을 고쳐 대통령 직선제를 받아들여라!"

국민들은 시위를 했지만 전두환은 아랑곳하지 않고 헌법을 고치지 않겠다고 했어요. 이것을 '4·13 호헌 조치'라고 해요. 4·13 호헌 조치 이후 국민들의 반대 시위는 더욱 거세졌어요.

그러던 6월 9일, 대학생 이한열이 경찰이 쏜 최루탄에 맞아 끝내 숨졌어요. 그러자 민주화를 원하는 국민들이 전국적으로 크게 들고일어났어요. 학생, 회사원, 상인 등 모든 시민이 적극적으로 참여했고, 전국 주요 도시에서는 매일 시위가 벌어졌어요. 그러자 전두환 정권은 군대를 이용해 막으려고 했어요. 하지만 미국 정부가 반대를 하여 군대를 일으키진 않았어요.

결국 1987년 6월 29일, 민주 정의당 총재 노태우는 국민들의 바람대로 대통령을 직접 선출하는 법을 정하겠다고 했어요. 이를 '6·29 민주화 선언'이라고 해요.

6·29 민주화 선언을 계기로 대통령 직선제와 5년 단임제를 핵심으로 하는 새 헌법이 만들어졌어요. 6월 민주화 항쟁은 학생만이 아니라 일반 시민들이 함께 참여한 시위였어요. 6월 민주화 항쟁으로 인해 군사 독재는 끝이 났고, 그 후로는 평화적으로 정권이 바뀌었답니다.

수요일마다 일본 대사관 앞으로 모여요

일본군 위안부

 비가 주룩주룩 내리는 어느 수요일 12시, 일본 대사관 앞으로 사람들이 하나둘 모여들기 시작했어요. 일본군 위안부 문제 해결을 위해 매주 수요일에 집회가 열리거든요. 참여한 사람들은 비를 맞으며 큰 목소리를 냈어요.

"일본 정부는 할머니들에게 정식으로 사과하라."

"일본 정부는 일본군 위안부 피해자들에게 법적인 배상을 하라!"

"여러분! 지금 살아 계신 할머니들은 60명에 불과합니다. 올해도 벌써 다섯 분이 돌아가셨습니다. 아직 살아 계신 할머니들도 일제 강점기 때 일본군의 야만스런 행동으로 아직도 정신적으로 힘들어하십니다. 그런데도 일본은 과거를 반성하지 않고 있습니다."

일제 강점기 때 일본군은 15~19세에 이르는 조선 처녀들을 강제로 전쟁터로 끌고 갔어요. 이들을 일본군 위안부라고 해요. 일본군 위안부들은 만주, 필리핀, 오키나와 등 일본군이 있는 전쟁터로 보내졌고, 그곳에서 일본군의 노리갯감이 되었어요. 전쟁에서 패한 일본군은 이들을 무참하게 살해하거나 그냥 버리고 떠났어요. 살아서 겨우 우리나라로 돌아온 일본군 위안부들은 가난과 고통 속에서 자신의 과거를 숨기며 살았어요.

그러다 1991년, 일본군 위안부였던 김학순 할머니가 증언을 하고 나서부터 일본군 위안부 문제가 세상에 알려졌어요. 일본군 위안부 피해자 할머니들과 그분들을 돕고 응원하는 단체와 사람들이 모여 일본 정부의 사과를 받기 위해 수요일마다 집회를 열었어요.

첫 수요 집회는 1992년부터였어요. 그때부터 지금까지 수요 집회는 눈이 오나 비가 오나 일본 대사관 앞에서 계속되고 있어요. 하지만 일본은 아직도 자신들이 저지른 잘못을 반성하지 않고 있답니다.

일본군 위안부 소녀상
서울시 중구에 있는 일본 대사관 앞에 일본군 위안부 소녀상이 있어요.

금을 팔면 나라 경제가 되살아날까요?

아이엠에프 경제 위기

1997년 말, 한 대기업에 다니고 있던 이승원 씨는 어느 날 갑자기 회사를 그만 나오라는 해고 통보를 받았어요.

"이 대리, 정말 미안해요."

"사장님, 왜 갑자기 저를 내보내나요?"

"우리 회사가 지금 사정이 어려워요. 잘못하면 문을 닫을 수도 있어요. 이 고비를 넘기려면 어쩔 수 없이 사람을 줄일 수밖에 없어요."

하루아침에 이승원 씨는 직장을 잃게 되었어요. 당시 거리에는 이승원 씨와 같은 처지에 몰린 사람들이 넘쳐 났어요. 이들은 다시 일자리를 구하기도 힘들었어요. 왜냐하면 사람들을 뽑는 곳이 많지 않았거든요.

이승원 씨는 길거리를 이리저리 헤매다 무료 급식소에서 점심을 먹기도 했어요. 무료 급식소 주변에는 집을 잃고 거리로 쫓겨난 사람들이 박스를 펴고 누워 있었어요.

1996년, 김영삼 정부는 준비가 안 된 상태에서 경제 협력 기구(OECD)에 가입했고, 외국 회사들이 한국에 들어올 수 있도록 서둘러 문을 넓게 열었어요. 그러자 다른 나라에 물건을 팔아 돈을 벌기보다, 돈을 주고 다른 나라의 물건을 더 많이 들여오면서 빚이 눈덩이처럼 불어났어요. 빚을 내어 더 큰 이익을 내려고 했던 회사들은 엄청난 이자를 갚을 능력이 없어 무너졌어요. 이들 회사에 돈을 빌려 주었던 은행들도 덩달아 어려워졌지요. 하루에 수백 개의 회사들이 문을 닫았고, 일자리를 잃은 사람들이 매일 1만 명씩 늘어났어요.

그러다 결국 1997년 11월 21에 국제 통화 기금(IMF)에 돈을 빌려 달라고 했어요. 이때부터 국민들은 직장을 잃거나 장사가 잘되지 않아 힘든 생활을 할 수밖에 없었어요. 우리 국민들은 '금 모으기 운동' 등을 통해 2001년에 국제 통화 기금으로부터 빌린 돈을 갚고 고비를 간신히 벗어났어요.

하지만 모든 문제가 다 해결된 건 아니에요. 여전히 많은 사람들이 일자리를 찾는 데 어려움을 겪고 있고, 빠른 경제 성장만 추구한 탓에 잘사는 사람과 못 사는 사람의 차이는 더욱 심해졌어요.

촛불을 들고 한목소리로 외쳐요

촛불 집회

2008년 4월 토요일 저녁, 종로에 촛불을 든 사람들이 구름처럼 모여들었어요. 아이들의 손을 잡고 나온 부모들도 있었고, 교복을 입은 학생들도 있었고, 넥타이를 맨 직장인들도 있었어요. 심지어 유모차를 끌고 나온 아주머니들도 있었어요. 촛불을 들고 종로에 모인 사람들은 모두 한목소리를 냈어요.

"이명박 정부는 한미 에프티에이(FTA) 협정을 즉각 철회하라!"

"광우병 쇠고기를 들여오지 마라."

예전에는 시위대와 정부가 몸싸움을 하는 일이 많았어요. 하지만 촛불 집회에서는 폭력을 거의 찾아볼 수 없었어요. 가끔 집회가 끝난 뒤 청와대로 향하는 과정에서 경찰과 마찰이 있긴 했지만, 대부분의 사람들은 평화롭게 촛불을 들고 노래를 하며 구호를 외쳤어요.

우리나라 최초의 촛불 집회는 1992년에 인터넷 서비스망 하이텔의 유료화에 반대하는 네티즌들이 모인 집회에서 시작되었어요. 집회 형식으로 굳어지기 시작한 건 2002년부터예요.

2002년 6월 13일, 경기도 양주에서 훈련 중인 미군의 탱크에 효순이와 미선이라는 두 여중생이 깔려 죽는 사고가 일어났어요. 미 군사 법정에서는 사고를 일으킨 병사들을 무죄라고 판결했어요. 그러나 우리나라 정부는 어떤 주장도 할 수 없었어요. 한미 주둔군 지위 협정에 따라 우리나라에 있는 미군이 죄를 지을 경우 미 군사 법정에서 처리해야 하거든요.

이 소식을 접한 한 네티즌이 두 여중생을 추모하는 집회를 열자는 글을 인터넷에 올렸어요.

"토요일 6시, 검은 옷을 입고 촛불을 준비해 주십시오. 촛불을 들고 억울하게 죽은 우리 누이를 위로하며 광화문을 걸읍시다."

이 글은 인터넷을 통해 빠르게 퍼져 나갔고, 2002년 11월에 수만 명의 사람들이 촛불을 들고 광화문으로 모여들었어요. 이날 이후 촛불 집회는 나라에 중요한 일이 있을 때마다 계속되었고, 우리나라의 대표적인 집회 문화로 자리 잡고 있어요.

한국사 체험하러 가요!

선사시대

수양개 선사 유물 전시관 구석기 시대의 대표적인 유물인 슴베찌르개가 단양에서 발굴되었어요. 슴베찌르개, 밀개 등 구석기 시대의 유물을 볼 수 있어요. 충청북도 단양군 적성면 수양개유적로 390 (043-423-8502)

석장리 박물관 공주 석장리에서 남한 최초로 구석기 유적이 발굴되었어요. 구석기 시대 사람들의 생활 모습을 재현해 놓았어요. 충청남도 공주시 금벽로 990 (041-840-8924)

서울 암사동 선사 주거지 신석기 시대 사람들이 살았던 움집터예요. 신석기 시대 사람들의 생활 모습을 체험할 수 있어요.
서울특별시 강동구 선사로 233 (02-3426-3857)

부산 동삼동 패총 전시관 패총이란 바닷가나 강가에 살던 신석기 시대 사람들이 버린 조개껍데기가 쌓여 무덤처럼 이루어진 유적을 일컫는 말이에요. 신석기 시대 사람들의 생활 모습과 조개껍데기로 만든 장식품 등을 볼 수 있어요. 부산광역시 영도구 태종로 729 (051-403-1193)

강화도 고인돌 유적지 고인돌 가운데 유네스코 세계 문화유산으로 등재된 탁자식 고인돌을 볼 수 있어요. 고인돌 유적지 주변에는 청동기 시대 사람들이 살았던 집의 형태도 볼 수 있어요.
인천광역시 강화군 하점면 부근리 317 (032-933-3624)

전북 고창 고인돌 공원 전 세계 고인돌 가운데 40퍼센트가 우리나라에 있어요. 그 가운데 고창, 화순, 순천 일대에 다양한 모양의 고인돌이 모여 있어요. 전라북도 고창군 고창읍 고인돌 공원길 74 (063-560-8661)

삼국 시대

몽촌토성 백제가 만든 성벽이에요. 남한산에서 뻗어 내린 구릉지를 이용해 만들었어요. 서울특별시 송파구 올림픽로 424 (02-410-1111)

국립 공주 박물관 무령왕릉과 주변 일대에서 발굴된 백제 유물을 전시하였어요. 화려한 금 장신구와 아름다운 불교 문화재를 감상할 수 있어요.
충청남도 공주시 관광단지길 (041-850-6300)

서울 석촌동 고분군 백제 초기에 만들어진 무덤이에요. 고구려 무덤 양식에 영향을 받은 돌무지무덤이에요.
서울특별시 송파구 석촌동 61-6 (02-2147-2816)

국립 부여 박물관 백제가 남긴 유물들이 전시되어 있어요. 특히 백제 금동 대향로의 신비하며 섬세한 모습을 볼 수 있고, 도깨비 모양을 넣은 벽돌이나 연꽃무늬를 새긴 벽돌 등 불교 문화재도 볼 수 있어요. 충청남도 부여군 부여읍 금성로 5 (041-833-8562)

부소산성 백제의 마지막 도읍지인 사비의 성터예요. 부소산성의 아래에는 백제 의자왕의 궁녀 삼천 명이 떨어져 죽었다는 전설이 전해오는 낙화암이 있어요.
충청남도 부여군 부여읍 쌍북리, 관북리, 구교리 일원 (041-830-2527)

국립 경주 박물관 경주는 천 년 가까이 신라의 수도였기 때문에 많은 신라 문화재와 유적지가 있어요. 경주 박물관에 가면 화려한 신라 금관 및 고분에서 발굴된 유물 등이 전시되어 있어요.
경상북도 경주시 일정로 186 (054-740-7500)

불국사 신라 사람들의 불토 정신을 엿볼 수 있어요. 슬픈 전설이 내려오는 석가탑과 다보탑이 있고, 균형 잡힌 아름다운 건축미를 뽐내는 건물 구조를 볼 수 있어요. 석굴암과 함께 유네스코 세계 문화유산에 등재된 소중한 문화재이지요.
경상북도 경주시 불국로 385 (054-746-9913)

석굴암 굴을 파서 만든 게 아니라 돌로 방을 만들어 굴처럼 보이게 하였어요. 석굴암 내부는 과학적으로 치밀하게 설계되어 습기가 차지 않고, 보는 사람의 눈높이에 맞춰 본존불의 높이가 설계되었어요. 석굴 안에는 부처의 제자들과 관음보살 등이 조각되어 있어요. 경상북도 경주시 불국로 873-243 (054-746-9933)

중원 고구려비 고구려의 장수왕 때 남하 정책을 기념하기 위해 세운 비석이에요. 비석에 새겨진 글자를 해석해 보면 고구려가 신라의 영토 일부를 장악하였다는 걸 알 수 있어요.
충청북도 충주시 가금면 용전리 입석마을

고려 시대

합천 해인사 장경판전 고려가 불심으로 외적을 물리치기 위해 만들었던 팔만대장경판이 보관되어 있어요. 800년 가까이 지난 오늘날까지 팔만대장경판이 보존될 수 있었던 것은 과학적으로 설계된 장경판전 덕분이지요.
경상남도 합천군 가야면 해인사길 122 (055-934-3000)

강진 청자 박물관 전라도 강진은 고려청자를 많이 만들던 곳이었어요. 고려청자를 만드는 과정과 종류를 볼 수 있고, 청자를 빚는 체험도 할 수 있어요.
전라남도 강진군 대구면 청자촌길 21-11 (061-430-3718)

강화도 고려 궁지 1232년 고려의 고종이 몽골의 침략에 대항하여 수도를 개성에서 강화로 옮겼어요. 강화에 궁궐을 세웠으나 몽골과 화친하고 수도를 다시 개성으로 옮길 때 궁궐과 성곽을 파괴하였어요. 그 뒤에도 외적의 침입으로 인해 궁궐은 사라졌고 지금은 터만 남았어요.
인천광역시 강화군 강화읍 북문길 42 (032-930-7078)

조선 시대

국립 민속 박물관 경복궁 안에 있으며, 우리 조상들의 생활사를 엿볼 수 있어요. 조선 시대 생활뿐만 아니라 선사 시대부터 근대 역사를 이룬 민속 문화와 관련된 자료와 문화재가 전시되어 있어요.
서울특별시 종로구 삼청로 37 (02-3704-3114)

국립 중앙 박물관 세계적인 규모를 자랑하는 국립 중앙 박물관에는 선사 시대부터 근대, 우리나라뿐만 아니라 아시아 역사 자료까지 볼 수 있어요. 국립 중앙 박물관에 있는 모든 유물을 꼼꼼하게 보려면 일주일이나 걸린다고 해요. 서울특별시 용산구 서빙고로 137 (02-2077-9000)

경복궁 조선 왕조의 법궁이에요. 정문인 광화문을 지나면 임금이 조회를 하거나 왕실의 공식 행사를 열었던 근정전이 있어요. 조선 왕조의 궁궐은 경복궁 외에도 창덕궁, 창경궁, 덕수궁, 경희궁이 있어요.
서울특별시 종로구 사직로 161 (02-3700-3900)

영월 청령포 조선의 단종이 어린 나이에 세조에게 왕위를 빼앗기고 유배되었던 곳이에요. 뒤에는 높은 암벽이 솟아 있고, 삼면은 모두 강으로 둘러싸여 빠져나갈 길이 없는 곳이지요. 단종이 지내던 집 주변에는 소나무들이 단종을 지키듯이 에워싸고 있어요.
강원도 영월군 남면 광천리 산67-1 (1577-0545)

강화도 초지진 강화도 앞바다로 밀고 들어오는 적을 막기 위해 만든 방어 시설이에요. 강화도 초지리에 설치하여 초지진이라 부르며, 병인양요, 신미양요, 운요호 사건이 이곳에서 벌어졌어요.
인천광역시 강화군 길상면 해안동로 58 (032-937-9365)

조선 민화 박물관 조선 후기에는 일반 백성들의 생각이 담긴 민화가 유행하였어요. 건강과 복을 비는 그림을 그려 집 안이나 대문에 걸어 놓기도 했지요. 강원도 영월에는 조선 시대의 민화를 모아 전시해 놓은 민화 박물관이 있어요. 3,000여 점 가까이 되는 민화를 감상할 수 있어요.
강원도 영월군 김삿갓면 김삿갓로 432-10 (033-375-6100)

수원 화성 조선 정조와 정약용 및 실학자들이 계획·설계한 수원 화성은 유네스코 세계 문화유산에 등재될 정도로 아름답고 과학적으로 설계된 건축물이에요.
경기도 수원시 팔달구 행궁로 11, 장안구, 권선구 일원 (031-228-4677)

서대문 형무소 일제 강점기 때 만들어진 형무소예요. 일제가 정한 법을 어기거나 독립운동을 꾀한 사람들을 가두었어요. 현재는 도서관과 전시실로 사용되고 있으며, 고문 체험, 사형 체험 등을 할 수 있어요. 서울특별시 서대문구 통일로 251 (02-360-8590)

• 사진 출처 및 제공 •

13쪽 주먹도끼 - 국립 중앙 박물관
15쪽 빗살무늬 토기 - 국립 중앙 박물관
17쪽 고인돌 - 위키미디어(Hairwizard91)
29쪽 덩이쇠 - 국립 김해 박물관
35쪽 광개토 대왕릉비 - 두피디아
37쪽 이차돈 순교비 - 국립 경주 박물관
49쪽 석굴암 본존불 - 이미지클릭
75쪽 청자상감진사모란문매병 - 국립 중앙 박물관
83쪽 팔만대장경판(복제품) - 위키미디어(Steve46814)
105쪽 조선왕조실록 - 서울대 규장각 한국학 연구원
129쪽 상평통보 - 위키미디어(Lawinc82)
131쪽 탕평비 - 연합뉴스
133쪽 수원 화성 - 위키미디어(Thomasrhee)
143쪽 척화비 - 위키미디어(Eggmoon)
184쪽 서울 암사동 선사 주거지 - 위키미디어(Kang Byeong Kee)
184쪽 전북 고창 고인돌 마을 - 문화재청
184쪽 몽촌토성 - 문화재청
185쪽 부소산성 - 위키미디어(WaffenSS)
185쪽 불국사 - 위키미디어(bifyu)
185쪽 중원 고구려비 - 위키미디어(Lawinc82)
186쪽 합천 해인사 장경판전 - 위키미디어(Lauren Heckler)
186쪽 강화도 고려 궁지 - 문화재청
186쪽 경복궁 - 위키미디어(Blmtduddl)
187쪽 영월 청령포 - 문화재청
187쪽 수원 화성 - 위키미디어(oreum)
187쪽 강화도 초지진 - 문화재청
187쪽 서대문 형무소 - 위키미디어(WaffenSS)

• 길벗스쿨은 이 책에 실린 사진의 출처를 찾기 위해 최선을 다했습니다.
  누락이나 착오가 있다면 다음 쇄를 찍을 때 꼭 수정하겠습니다.